互联网＋时代大学生创新教育与人才培养研究

桂淑华　韩焕菊　著

北京工业大学出版社

图书在版编目（CIP）数据

互联网+时代大学生创新教育与人才培养研究 / 桂淑华，韩焕菊著．— 北京：北京工业大学出版社，2022.12

ISBN 978-7-5639-8581-4

Ⅰ．①互… Ⅱ．①桂… ②韩… Ⅲ．①大学生－创造教育－研究②大学生－人才培养－研究 Ⅳ．① G640

中国国家版本馆CIP数据核字（2023）第011027号

互联网+时代大学生创新教育与人才培养研究
HULIANWANG + SHIDAI DAXUESHENG CHUANGXIN JIAOYU YU RENCAI PEIYANG YANJIU

著　　者：	桂淑华　韩焕菊
责任编辑：	任军锋
封面设计：	知更壹点
出版发行：	北京工业大学出版社
	（北京市朝阳区平乐园100号　邮编：100124）
	010-67391722（传真）　bgdcbs@sina.com
经销单位：	全国各地新华书店
承印单位：	唐山市铭诚印刷有限公司
开　　本：	710毫米×1000毫米　1/16
印　　张：	10.75
字　　数：	215千字
版　　次：	2023年4月第1版
印　　次：	2023年4月第1次印刷
标准书号：	ISBN 978-7-5639-8581-4
定　　价：	60.00元

版权所有　翻印必究

（如发现印装质量问题，请寄本社发行部调换 010-67391106）

作者简介

桂淑华（1987— ），女，汉族，江西南昌人，硕士，主要研究方向为高等教育教学管理、思政教育。有着丰富的高校工作经验，获得过多项荣誉表彰，主持或参与了江苏省研究生教育教学改革项目"基于全过程管理的专业学位研究生培养质量监控体系的构建"、教育部产学合作协同育人项目"基于半实物仿真系统的专业学位研究生实践创新能力培养方案的研究"等多个省部级以上课题，并发表了多篇论文。

韩焕菊（1982— ），女，汉族，山东济宁人，硕士，主要研究方向为高等教育教学管理。工作十余年以来，获得过多项荣誉、奖励，积累了丰富的经验，主持或参与了江苏省研究生教育教学改革项目"基于产教融合背景下的专业学位研究生创新能力提升途径的研究"、教育部产学合作协同育人项目"基于半实物仿真系统的专业学位研究生实践创新能力培养方案的研究"等多个省部级以上课题，并发表了多篇论文。

前　言

随着信息技术的飞速发展，教育信息化正覆盖全球，在这种情形下，互联网＋的环境背景给大学生创新教育与人才培养带来了新的机遇与挑战，将互联网与大学生创新教育与人才培养相结合顺应了时代的发展要求。可以说，在互联网＋时代背景下，要想实现新发展和新突破，就必须完善新思路，培养更多的创新型人才。高等院校肩负着培养创新型人才的重任，建立健全新时代背景下的大学生创新型人才培养体系、推进大学生创新教育有效实施势在必行。本书以互联网＋为背景，解析大学生创新教育与人才培养现状，探索大学生创新教育与创新型人才培养途径，从而为大学生创新教育与人才培养提供新思路，贡献新方案。

全书共七章。第一章为绪论，主要阐述了认识创新、互联网＋概述、创新教育的产生与发展、创新与创新教育的关系、互联网＋时代大学生创新教育开展的意义等内容；第二章为大学生创新教育现状，主要阐述了大学生创新教育的背景、大学生创新教育的现状、大学生创新教育的发展趋势等内容；第三章为大学生创新教育的本质与特征，主要阐述了大学生创新教育的本质、大学生创新教育的特征等内容；第四章为大学生创新教育的结构与功能，主要阐述了大学生创新教育的结构、大学生创新教育的功能等内容；第五章为世界著名大学创新教育经验，主要阐述了哈佛大学的创新教育经验、耶鲁大学的创新教育经验、牛津大学的创新教育经验等内容；第六章为互联网＋时代大学生创新型人才培养，主要阐述了创新型人才的概念与特征、大学生创新型人才培养的意义、大学生创新型人才培养目标的定位、互联网＋时代大学生创新能力的培养、互联网＋时代大学生创新型人才的品格塑造等内容；第七章为互联网＋时代大学生创新教育途径探讨，主要阐述了互联网＋时代大学生创新教育保障机制、互联网＋时代大学生创新教育师资建设、互联网＋时代大学生创新教育环境建设等内容。

在撰写本书的过程中，笔者借鉴了国内外很多相关的研究成果包括著作、期刊、论文等，在此对相关学者、专家表示诚挚的感谢。

由于笔者水平有限，书中有一些内容还有待进一步深入研究和论证，在此恳切地希望各位同行专家和读者朋友予以斧正。

目 录

第一章 绪 论 ·· 1
第一节 互联网＋概述 ·· 1
第二节 认识创新 ·· 10
第三节 创新教育的产生与发展 ··· 22
第四节 创新与创新教育的关系 ··· 32
第五节 互联网＋时代大学生创新教育开展的意义 ······················· 35

第二章 大学生创新教育现状 ·· 40
第一节 大学生创新教育的背景 ··· 40
第二节 大学生创新教育的现状 ··· 44
第三节 大学生创新教育的发展趋势 ·· 59

第三章 大学生创新教育的本质与特征 ·· 62
第一节 大学生创新教育的本质 ··· 62
第二节 大学生创新教育的特征 ··· 67

第四章 大学生创新教育的结构与功能 ·· 72
第一节 大学生创新教育的结构 ··· 72
第二节 大学生创新教育的功能 ··· 84

第五章 世界著名大学创新教育经验 ··· 88
第一节 哈佛大学的创新教育经验 ·· 88
第二节 耶鲁大学的创新教育经验 ·· 93
第三节 牛津大学的创新教育经验 ·· 100

第六章 互联网＋时代大学生创新型人才培养 …… 108

第一节 创新型人才的概念与特征 …… 108
第二节 大学生创新型人才培养的意义 …… 113
第三节 大学生创新型人才培养目标的定位 …… 118
第四节 互联网＋时代大学生创新能力的培养 …… 120
第五节 互联网＋时代大学生创新型人才的品格塑造 …… 141

第七章 互联网＋时代加强大学生创新教育的途径探索 …… 148

第一节 互联网＋时代大学生创新教育保障机制 …… 148
第二节 互联网＋时代大学生创新教育师资建设 …… 154
第三节 互联网＋时代大学生创新教育环境建设 …… 157

参考文献 …… 162

第一章 绪 论

弄清互联网+时代大学生的创新教育首先要认识互联网+，认识创新，认识创新教育，搞清创新与创新教育有密不可分的关系，只有在这些基本认知的基础上才能展开对大学生的创新教育，才能进行大学生创新型人才的培养。本章分为认识创新、互联网+概述、创新教育的产生与发展、创新与创新教育的关系、互联网+时代大学生创新教育开展的意义五个部分。

第一节 互联网+概述

一、互联网+的概念及特征

（一）互联网+的概念

互联网又称国际网络，指网络与网络之间所串连成的庞大系统，这些网络以一组通用的协议相连，形成逻辑上的单一巨大国际网络。20世纪60年代末，互联网兴起于美国。从Web1.0到Web2.0，互联网应用方式已经发生了根本性变革，且每一阶段都产生实质性的技术变革，将互联网技术发展不断推向新高度。1994年，中国开始全面接入互联网，迈入互联网时代。20多年来，中国互联网的发展与国际接轨，循序渐进地展开。

"+"符号有增加、增值、扩充、提升之意。互联网+旨在对传统互联网重新进行配置和优化，通过与其他生产要素的整合强化应用功能，并拓展应用领域，达到更加深层次的融合。

互联网+的概念从2012年被首次提出，到2014年被称作中国经济提质增效升级的"新引擎"，再到2015年由消费领域向生产领域拓展，可以说我国的互联网+更是互联网思维与中国改革开放新时期经济现况相结合的实践探索新成果。

互联网＋就是在创新 2.0 下发展出的新生态，它是我国推进产业信息化过程中的成果，是我国当前经济社会发展最先进的生产力。"十三五"规划已将互联网＋纳入重点建设内容，如今互联网＋已经成为我国的重要国家战略之一。互联网＋作为互联网与各行各业深度融合的产物，在社会发展中逐步显现出超越传统行业的优势。而它的持续推进离不开我国互联网的发展，其概念的提出更是脱胎于互联网先进技术。

互联网＋是基于新时代下高速发展的多媒体信息技术的一种新的经济发展形态，一方面要让广大社会资源、行业充分和互联网融合，让更多社会资源通过互联网实现信息资源共享，这是互联网发挥优化配置作用的体现；另一方面就是集成，将深度融合的各行各业中的经济社会资源集结起来，逐步发展以互联网为基础的高新科技产业和信息时代下的经济发展新形态。

2015 年 3 月 5 日，李克强总理在中华人民共和国第十二届全国人民代表大会第三次会议上作报告时首次提出互联网＋行动计划。该行动计划为我国政务服务、制造业转型、农业创新发展等提供了方向。创新 2.0 下的互联网＋新形态产业链，是新时代下社会经济发展的新形态、新模式。通过建立互联网＋信息共享平台，各行业的人员都能够比较容易地获得更多的行业信息和公共文化服务。广大用户都可以通过互联网＋这个信息平台在信息存储、行业标准和规范方面得到更加完整和丰富的资料。互联网＋系统的建立不仅降低了多重软件的应用许可资费和成本，也使系统服务得到了极大的完善。另外，这种互联网＋系统不仅能计算资源，还能在科研活动管理和资金运用管理中相互转移和灵活应用，也提高了数据库服务器的利用率。

互联网＋将人人互联的网络时代新理念同传统行业结合在一起，从而创造新的经济生态——创新 2.0 下的互联网发展的新生态。在知识社会创新 2.0 中，网络重构了知识的传递与共享，作为载体甚至主体的网络已经成为知识社会形成和发展的重要承载实体，依托对各种资源的优化配置，将经济社会各领域的资源因素与互联网创新相融合，使得创新力和生产力提升飞跃。

笔者根据相关政策文件的解读以及对其他学者的观点整合，认为互联网＋的内涵为：互联网＋代表着一种新的时代发展阶段，它是在互联网创新 2.0 的影响下，运用互联网思维并在一定程度上利用互联网信息化高端技术，与传统的社会产业深层融合、沟通、整合，从而优化和创新产业结构，将整体的商业运转模式进行改良升级，最终为社会发展带来新的动力。随着数字化技术的升级，互联网＋通过产业融合、重塑，为社会带来新兴的变革，为时代的进步和发展提供了技术支撑和新的模式。

（二）互联网+的特征

互联网+并不意味着只要互联网与其他产业简单地相加就可行，而是通过信息通信技术及互联网平台，使互联网与传统行业进行深度融合，进一步创造出新的发展生态。互联网+的基本特征是万物互联，共同共享；跨界融合，创新驱动，重塑结构；尊重人性；开放生态；连接一切。在电子商务、在线医疗、工业互联网等方面，互联网+都表现出非比寻常的优势。例如，工业互联网正是制造业与新一代网络信息技术深度融合的产物，即互联网+制造业。互联网+形态的种种优势与其特征密不可分。互联网+的特征可以归纳为以下七点。

1. 跨界融合

跨界融合是创新的"登山杖"，是产业升级的"门把手"，只有敢于跨界，才能不断创新；只有协同融合，才能转变思路，发现新角色、新定位。互联网+是跨界的产物，也是产业的变革与开放，更是产业的重塑与融合。通过跨界，将不同的产业联结，促使创新的基础更加坚实，同时在协同发展、调整融合中，促进群体智慧的实现，加快了从研发到产业化路径的对接。产业之间的融合同时也是身份上的融合，是开创者与应用者之间身份的结合。如逐步发展与完善中的网上政务正是互联网与政务服务的有机结合，既提升了政府行政服务的效率，又便捷了人民群众的事务办理。在新冠肺炎疫情防控期间，各地政府纷纷采取这种"无接触式"办公方式，努力实现"政务服务不打烊，网上办事不停歇"。互联网+不同于以往双向的互动或连接方式，而是融合了各行各业，与之产生联系并协同发展。互联网+的这种特殊力量能够推动社会各部门、各行业通过融合发展开辟一条全新道路。为此，高校在创新教育上可以通过互联网+万物互联的特性与其他学科进行融合发展，从而发挥合力、同向同行。

2. 创新驱动

创新驱动发展道路才是使国家真正强大起来的唯一道路。党的十九大报告强调了创新驱动的重要性，并将之确定为实现中国特色社会主义的发展战略。互联网+是在传统产业的基础上进行创新，通过发展方式的变革，开创出一条新的发展道路。在当今供给侧与需求侧结构性改革的发展中，传统的资源型经济增长方式已经不适应时代进步的要求，依靠创新驱动发展成为我国社会转型发展的重要渠道。党的十八大明确提出，要坚持走中国特色自主创新道路、实施创新驱动发展战略。互联网＋作为科技创新的产物，在我国经济发展中具有战略意义，它与各行各业进行的创新发展生态成为我国全面提升综合国力的重要支撑。

3. 重塑结构

互联网以集成大众智慧的方式对原有的社会经济地缘及文化结构进行了解构，在变迁内在关系结构之后以重构的方式对商业模式进行了创新，使信息不对称的第一道数字鸿沟得以消泯，从而极大地降低了社会交易的成本。随着信息技术的不断发展，世界的结构也在不断地发生改变。而互联网＋的应用恰是重塑结构的最佳时机，通过行业之间的深入合作所形成的新事物，如区块链、5G 等一大批新型的数字技术已逐步融入社会的各个层面，数字化、网络化和智能化的新生态变革给传统的社会经济体系和社会格局带来了巨大的变革与重塑。"智能城市"的发展正在推进中国特色社会主义道路的进程中发挥着重要作用。

4. 聚焦人文

互联网的本质是人与人的连接，在互联网发展繁荣时期涌现的社群文化、UGC 模式、裂变营销等新经济传播理念深刻地洞察人性、理解人性并选择尊重人性。无论丑恶光辉，这种尊重和顺势而为都是推动互联网乃至经济发展的重要助力。从某种意义上说，绝大多数的互联网内容都源自民间。在互联网中，人人都是信息的发出者和接收者，而互联网＋生态更是将个人的价值发挥到一个新的高度。抖音、快手等 App 的应用充分显示出互联网＋背景下自媒体经济的蓬勃发展，每个人都能成为其中的主播，并拥有自己的观众，都有自己的价值体现。

5. 动态开放

互联网＋是一个网络技术与其他行业相结合所形成的生态体系，这种生态体系就是一个动态开放的过程。因此想要促进其发展，就要联系原先相互独立的小规模的创新活动，以市场需要为驱动力，实现互联网与其他产业融合的动态平衡。生态是互联网＋的重要特征，而生态本身就是开放的。在开放生态的基础上进一步可以推出"生态化反"这一特征，随着互联网生态的建成，孤岛连成岛群，随着岛屿之间的创新制约因素的消弭，诸多驱动因素的互动使价值实现真实可见。

6. 无限连接

互联网＋不同于互联网，它不仅能够连接信息，而且能够实现国与国、人与人、人与物之间的实时连接。互联网＋通过突破时空的阻隔，将全世界的信息内容实时交互，拉近了世界的距离，又扩大了连接的边界，使每个人都能够成为世界的中心。同时，互联网+可以将经济中的资源、人脉等信息实时对等连接，更好地实现优化配置的作用。当用户需要的信息能够实时、便捷、无障碍地传递到用户手中时，经济实体也将发挥出最大的效用。互联网+是商业模式的连接、是技术模式的连接、是生产方式的连接等，这种连接的层次性、差异性、价值性都可能不同，但连接一切的目标不可改变。

7. 法治需求

自媒体时代的到来和网络生活匿名化的特点带来了更多亟待解决的社会问题。因此，互联网+时代比以往任何时期都更需要日趋完善的规范体系为其提供制度保障。例如，网络作品的知识产权保护、网络行为有效追责、网络信息传播的监管等方面的制度规范目前已经成为我国立法工作的重要内容。

二、互联网+的提出

随着移动客户端的大范围使用，人们能够随时随地通过移动网络进行信息交换，互联网应用愈加多样化，同时互联网+的说法开始频繁出现。最初，互联网+被简单地认为可以连接到除信息以外的更多事物，如服务和教育。2012年互联网+的概念被提出，随后受到各行各业的关注，并于2015年上升为我国的国家战略。

随着互联网+行动计划的提出，大数据、AI和物联网的发展也提上日程，互联网+的研究、设计与实施开始逐步在全国范围内展开。除了高校对互联网+进行研究以外，不少研究团队、通信运营商和相关技术公司也开始踏足这个领域。

2015年互联网+行动计划提出，各行业开始积极响应。在网络信息技术不断发展的宏观环境下，互联网+在其他行业中得到广泛应用，促进了我国经济的快速发展。5G时代的到来推进了网络媒体的高速发展，使我国互联网+体系的发展如虎添翼。随着互联网+的应用与普及，时至今日，对中国来说，互联网+与航空航天、机械、物流、电子等众多行业的创新发展成为国家经济结构改革的重要途径。基于互联网+的智能App近乎人人具备，这些App促进了互联网行业的深入发展。互联网也通过支付宝、拉卡拉、云闪付、微信支付等付款平台，牢牢地抓住了消费群体这一庞大的资源，扩展了互联网广阔的市场。而互联网+在教育中的作用也越来越显著。2019年2月发布的《中国教育现代化2035》将智能化校园的建设提上了日程；同年5月，国际人工智能与教育大会发布的《北京共识——人工智能与教育》又突出强调了人工智能与教育系统进行融合创新的问题，互联网＋已经成为中国未来学校创新计划中至关重要的一环。

三、互联网＋教育

作为教育技术领域发展的现代技术手段和重要渠道的互联网，必然要和教育相容相交，可以说互联网＋教育是互联网科技与教育领域相结合的一种新的教育形式。

互联网＋教育是在尊重教育规律的基础上，为其注入新的活力，充分将互联网技术的优势应用到教学实践活动中，从而提高教育质量和效益。互联网＋教育是我国建设教育强国的重要保障，也是形成学习型社会、实现全民终身学习与自身发展的重要条件。

互联网＋教育是一种借助互联网平台来开展的教育，相对于其他教育形式来说，互联网平台的教育资源更加丰富。互联网教育平台可以让教师和学生之间获得更加紧密的交流。虽然互联网教育目前不能全面代替传统教育，传统教育同样也无法有效取代互联网教育，但两者之间的关系是随着人们对自身教育需求的变化而发展的。换句话说，在过去的传统教育中，人们受到教育的需求得到了满足，而互联网＋教育的出现使人们能够更好地接受个性化的新教育方法。从更深层次来说，这种教育方式是有效推动互联网和它衍生的相关技术与现代教育进行深度融合，最终推动整个教育及其产业的革命，让教育及其产业出现新的业态创造的方式。

由于当前互联网＋教育产业和教育模式正在不断地出现重大改革，故过去的人才培养模式也会在互联网＋的参与下发生重大转变，而这种重大转变需要当前各类教育课程在内容体系方面进行有效重组，重组的目的是使课程更加重视对学生创新思维以及协作能力的培养。从总体上来说，由于信息技术的发展可以使智能与个性化的教学环境更快地形成，从而使学生能够更快地获得个性化和定制化的学习方案。换句话说，在互联网＋的教学模式下，过去很多关于教育教学的规模与个性化发展的矛盾问题会得到极为有力的解决。

互联网＋教育评价方式得到了前所未有的创新。由于教育系统与智能技术进行了全方位的结合，这种情况下的新式教育采用跟踪监测和无敏感的全程伴随类型的数据采集方式，会对教师的教学和学生的学习产生一定的影响，而这种数据采集的目的是在大数据技术之下，用多维度综合性分析手段对教师的教授和学生的学习进行智能化评价。综合分析教师在教学过程当中的情感、态度和思维以及学生在学习过程当中的情感、态度、思维和行动等几个方面，可以使教学评价更加立体和全面，而运用信息技术有效地构建教学质量监测系统，并利用已经开发好的智能化评价工具让教师、家长和学生介入评价和反思过程，可以让整个教学变得更加高效且完整。

结合高校创新教育的人文属性，笔者把与大学生创新教育相关的互联网+定义为：在尊重教育规律的前提下，将互联网信息技术与高校传统的创新教育模式相结合，以实现教育资源配置最优化，增强创新型人才培养力度，形成高校教育教学和人才培养新模式。

全球化经济已成为一个不可逆转的现实，网络已经与人们的生活密不可分，互联网普及率逐年提高，互联网+创新2.0的交融发展已经渗入社会与人们生活的各个方面，无法规避，我们只能借势"兴云致雨"。

在教育信息化2.0背景下，我国以互联网+战略为驱动，对教育进行了重新解构，确立了教学活动智慧化、资源配置均衡化、组织形态多样化、生态体系新型化、人才培养创新化的新形态智慧校园建设目标，极大地改变了当代教育，使高等教育的对象、环境、模式和资源等都发生了翻天覆地的变化，带来了新的契机和平台。

针对教育者——教师自身发展和创新教育存在必然的内在逻辑联系。为教师发展提供了平台；为教师个性发展提供了可能；为教师发展提供了科学依据；为教师发展评价体系开辟了新的思路。同时，也变革了创新创业师资队伍建设，使更多优秀的企业家、创业者可以走入大学课堂授课。这就要求我们的培养目标要有针对性，教育方式要多元化，行业专家要起到很好的引领作用。

针对大学生——随着互联网+技术的强力引入、降低了创新创业与实践门槛，大学生可以通过淘宝、微店、微盟等营销平台，利用QQ、微信等社交平台，利用支付宝等第三方收款平台，加之强大的物流网络体系，进行创业、参与市场竞争。创新2.0下互联网新业态的发展对大学生的创新创业素养和能力提出了更高的要求，大学生要不断学习先进互联网技术知识，实现主体身份转变和自身个性化的全面突破。

四、互联网+的重要意义

（一）互联网+正在带来全面的社会变革

据中国互联网络信息中心在京发布的第48次《中国互联网络发展状况统计报告》显示，截至2021年6月，全国网民数量达到10.11亿，比2020年12月增加了 2175 万，互联网普及率达到 71.6%，比 2020 年 12 月提高 1.2 个百分点。在互联网的影响下，经济社会受到越来越多新元素的冲击，不仅深刻地影响着人们的生活形态，也在一定程度上改变着经济、社会和教育的发展模式。作为一种全新的信息技术载体，互联网+已经受到了政府和社会各界的高度重视，我国正努力将大数据等新兴技术与传统产业结合起来，致力于创造出更多的创新型企业，进而促进区域经济社会各个领域的融合与创新。互联网+的迅速发展，使高等教育在生态系统、知识体系、技术、能力等领域发生了根本性的变化，为全面深化我国高等教育改革、加快创新型人才培养提供了一种新途径。

（二）互联网+成为经济社会创新发展的重要驱动力量

国务院印发的《关于积极推进"互联网+"行动的指导意见》提出，到 2018 年，互联网与经济社会各领域的融合发展进一步深化，基于互联网的新业态成为新的经济增长动力，互联网支撑大众创业、万众创新的作用进一步增强，互联网成为提供公共服务的重要手段，网络经济与实体经济协同互动发展的格局基本形成。

首先，促进经济发展进一步提质增效。互联网在促进制造业、农业、能源、环保等产业转型升级方面取得积极成效，劳动生产率进一步提高。基于互联网的新兴业态不断涌现，电子商务、互联网金融快速发展，对经济提质增效的促进作用更加凸显。

其次，促进社会服务进一步便捷普惠。在健康医疗、教育、交通等民生领域，互联网应用更加丰富，公共服务更加多元，线上线下结合更加紧密。社会服务资源配置不断优化，公众享受到更加公平、高效、优质、便捷的服务。

再次，促进基础支撑进一步夯实提升。网络设施和产业基础得到有效巩固加强，应用支撑和安全保障能力明显增强。固定宽带网络、新一代移动通信网和下一代互联网加快发展，物联网、云计算等新型基础设施更加完备，人工智能等技术及其产业化能力显著增强。

最后，促进发展环境进一步开放包容。全社会对互联网融合创新的认识不断深入，互联网融合发展面临的体制机制障碍被有效破除，公共数据资源开放取得实质性进展，相关标准规范、信用体系和法律法规逐步完善。

到 2025 年，网络化、智能化、服务化、协同化的互联网+产业生态体系基本完善，互联网+新经济形态初步形成，互联网+成为经济社会创新发展的重要驱动力量。

（三）互联网+使大学生的学习生活发生变化

互联网+改变了大学生的思维方式。互联网+带来的不仅是技术的革新，更是观念的更新、思维的变革。互联网+在很多层面都改变甚至颠覆了传统思维，新思维模式应运而生。最突出地表现在平等思维方面，互联网+所特有的平等交流与主动参与的传播模式，可以让大学生成为传播主体，提高他们的思维活跃度和自主创新性。因为在互联网平台上，传播者和接收者互为传播主体，共同享有根据自己的需要选择信息的自由和发表意见的权利。这对反感"灌输式"教育的大学生来说，有助于提高他们的主动性和积极性。目前，很多大学生主动参与线上线下交流，还会自己设置议题，因此以微信、抖音和微博等 App 为代表的新媒体在他们中间非常流行。大学生获得了更多的信息资源，更充分地享有互联网带来的便利和权利，潜移默化中改变了思维方式、价值观及行为习惯。

互联网+激发了大学生的学习兴趣。首先，互联网+具备的跨时空性，使得大学生可以不受地域的限制，通过智能手机，随时随地接收教育信息，延伸了教育时间和空间，达到教育全方位覆盖，可以帮助大学生更加饱满地接受教育。例如，借助新媒体平台，师生可以同步接收信息，改变往日的逐级下达方式，促进了信息流通的同步化和公开化。网络阅读的新鲜感和接受度要强于纸质阅读，这也间接提升了信息的接收数量和传播力度。这种沟通和交流的方式，在传统的课堂教学中是无法实现的。同时，手机 App、微信公众平台不仅可以为大学生提供学习的平台，更重要的是为大学生提供了广阔的学习交流空间，错过的课程可以回看，不明白的知识点可以与老师在线互动，如果老师不在线，还可以采用留言的方式提问，等待老师的解答。所以，新媒体特别是移动终端——手机的出现，彻底加快了互联网+的发展。时下流行的手机 App 以及教育微信公众号的全面铺开，使得互联网成为高校课堂之外最重要的创新教育载体，其强大的信息传播功能也成为大学生创新教育的"桥头堡"。其次，互联网+为大学生提供了更多自主学习的机会。当代的大学生具有更加独立和自主的思维方式，更加讲究独立性，追求个性化的发展。在互联网+背景下，大学生可以不限时间、不限地点地学习，这本身就是一种自主学习的体现，如直播等模式的植入，这种深受大学生喜爱的方式更容易激发其学习兴趣，从而转变传统的"灌输式"教育方式。从这一方面出发，一些在线学习平台就需要保持自身的特点，加入更多大学生喜爱的模式，并采用更加有趣的方式。例如，采用小视频等方式，将枯燥乏味的理论阐释转变为大学生更加容易接受的方式，提升网络教育的渗透性和趣味性，增强高校教育效果。

第二节 认识创新

一、创新的含义与特征

（一）创新的含义

创新是一个涉及所有人类活动领域的概念，学术界对创新的含义至今没有形成公认的定义。随着时间的推移和社会与文化的变迁，创新被赋予了不同的含义。"创新"一词在中国有着悠久的历史渊源，最早出自《南史·后妃传上·宋世祖殷淑仪》："据《春秋》……今贵妃盖天秩之崇班，理应创新。"古时"创新"的词义与现代汉语释义有所不同，主要是指制度方面的改革、变革和革新。在现代汉语中，"创新"有三层含义：一是通过研究和实验产生的创造；二是在头脑中创造事物；三是第一次开始做某件事的行为。

在国外，"创新"最早是个经济概念，美国经济学家约瑟夫·熊彼特在其于1912年发表的《经济发展理论》中，开创性地阐述了创新与资本主义之间的关系。同时他提出了具有时代意义的创新理论，他认为："创新是把一种新的生产要素和生产条件的'新结合'引入生产关系。"他从企业角度提出五种创新的情况：产品创新、新的生产方法的运用、新的市场的开拓、对于新的供应来源的发现和对新原材料或半成品的获取、创新管理制度。之所以把创新理解为经济概念，最重要的原因是创新对经济增长的推动作用。熊彼特曾用"具有创造性的毁灭过程"来描述创新在促进经济增长中的作用。此后，创新的定义开始被大量专家学者研究，延伸到社会生活等各个领域，创新的内涵得以不断深化，外延也更加丰富。

《现代汉语词典》中，对创新的解释有两种：一是抛开旧的，创造新的；二是指创造性，新意。经过一个多世纪的发展，随着经济学家对创新研究的不断深化，创新理论得以不断地丰富和发展，创新概念的范畴也由经济领域拓展到政治、文化、教育、管理等各个领域，在原来经济概念的基础上，演绎出技术、制度、市场、体制、金融等一系列创新概念。与此同时，创新也早已超越了学术研究的范畴上升到国家宏观层次。正如常常被人们提到的"知识文化与科学技术创新""自主创新"等，中国最早是在科学技术领域引进创新的概念，之后创新便迅速融入经济、社会中渗透人们日常生活的方方面面。

总的来说，创新的概念可以从广义和狭义两个方面来理解。狭义的创新更多的是侧重从企业的角度、经济发展的角度来定义，就是以提升企业盈利能力或者创造更多的社会或个人价值和财富为目的的活动，包含一系列新的思想的产生，到产品的设计、生产、营销和市场化。广义的创新是指人们为了发展的需要，依托已有的经验或知识，在思想或行为上不断突破产生"新"的东西，是一种创造新事物和新价值的过程。所以说，创新的关键在"创"，即突破，突破旧的思维定式和行为模式；重点在"新"，是一种内容的丰富、形式的发展。

随着时代的变化和社会的进步，有关创新的概念和内涵也在不断地变化，国内外的专家学者也根据所处的不同时代背景以及实际情况不断更新着创新的概念和内涵。通过深入理解和归纳总结，笔者认为，创新是指人们在充分尊重事物的本质属性和客观规律的前提下，按照某种目的能动地对现有事物进行改造和变革，最终产生新的事物并更好地适应社会发展的开创性过程。

创新本身有着深刻的内涵。首先，创新的主体一定是人，并且一定要从实际出发，发挥自身的主观能动性，有效地结合当今社会的各种需求，尊重事物发展的客观规律，绝不能盲目脱离实际，反之创新则会变得毫无意义。其次，创新需要付诸大量的实践，必须始终坚持理论与实践相统一的原则，只有经过不断的探索与尝试，才能找出不符合社会发展的旧事物，通过不断的革新进而创造出新事物，使其更好地服务社会。最后，创新的本质在于批判和变革旧事物，遵循扬弃的原则，继承并发扬旧事物的优点，改造并变革旧事物的不足，使其更好地适应当前时代的发展。

任何创新活动都有一定的目的，这个特性贯穿于创新的全过程。同时，每个人作为社会的一分子，都不能脱离社会而单独存在，可以看出创新受社会发展的制约。另外，创新的速度是影响社会发展水平的重要因素，不断地创新又会促进社会和经济的发展，这种推动力对个人、企业、整个行业乃至国家都表现出其特有的能动属性，所以创新具有社会性和能动性。人类的创新是一个不断批判、继承、发展的历史过程，即不断推陈出新和革故鼎新的过程。要想更加具体深入地了解创新的概念，可以从其本质、内容和研究对象上分别进行研究。从本质上看，事物的运动及其变化的趋势就是创新，也就是一种具有准备性和探索性的活动过程；从内容上看，创新更突出经济性和社会性，主要强调的是创造的某种实现，是创造的过程和目的性的结果；从研究对象上看，创新是一种简单与复杂的联系，是旧事物孕育产生新事物的过程。经济管理领域、心理学和思维领域、教育领域都是创新研究所涉及的领域。

（二）创新的特征

创新具有三大核心特质，即创新驱动的问题导向性、创新过程的实践行动性、创新结果的道德价值性。创新驱动的问题导向性，是指创新启动前必须是以问题为导向的，是聚焦思维、逻辑思维，存在发现问题、提出问题、分析问题、识别问题、聚焦问题等几个维度，问题导向改变了知识的态势，由传承性接受变为问题驱动性主动获取。创新过程的实践行动性，是指创新过程必须是付诸实践的，在实践中对问题进行反复考察、反复研究、反复实验，直至解决问题；纯粹思维上的认知活动如果不付诸行动，或与"创意"概念相同，则不能称作创新。创新结果的道德价值性，是指能称为创新的活动或成果必须是有价值导向的、必须具有积极的社会价值、成果应有一定的社会贡献。另外，在问题导向性和实践行动性的特质中，附带着一些其他非核心特质，如问题研究的传承性、设计方案的系统性、创新实现的过程性和风险性、创新成果的新颖性等。

创新的特征就是创新所具有的特点，也是其自身的品性与品质，具体包括新颖性、有用性、社会性、综合性、创造性、超越性、时代性和普遍性，每个特征都有其各自的本质内涵和表现形式，具体如下。

1. 新颖性

创新的新颖性是指在进行创新活动时，从开始到结束的全过程都拥有"新"的特质。创新活动无论是在内容上还是在形式上都需要具备新颖性，特别是对于创新的产物，必须与创新前的旧事物存在本质的差异与不同，表现出新的形式和新的内容。换句话说，新颖性是创新的最基本特征，只是对旧事物进行简单的重复根本不能称之为创新。进行创新活动必须立足于已有的特定旧事物，进而对旧事物进行否定、继承并超越。就像人类文明的延续一般，人类社会一直通过继承前人的文明成果，不断对过去的文明进行超越，继而推动了人类社会的大发展。创新作为社会进步的重要途径和方式，必须对现有的旧事物进行不断的超越，创造出能够促进社会进步的新事物。

2. 有用性

创新的有用性是指创新实践最终的成果具有实际的效用，可以满足社会发展或者个人自身发展的需要。从当前的世界格局和社会发展来看，创新的有用性主要是指创新成果可以给创新主体带来或多或少的社会效益以及经济效益的提升，特别是经济效益的提高，毋庸置疑是知识经济时代决定创新活动能否成功的重要指标。总而言之，没有效用的创新是不存在的，更是没有意义的。

3. 社会性

创新的社会性是指无论是创新主体还是整个创造性活动，都必定会受到特定的社会政治环境、经济环境、文化环境等发展水平的影响。马克思指出："人的本质是一切社会关系的总和。"人类作为创新活动的主体，必然会和其他社会个体或团体形成某种关系，这也是人作为创新活动主体的本质属性。所有创新主体创新欲望的萌生、创新动机的出现以及创新价值观的形成都必然受到社会发展的实际影响。

4. 综合性

从方法论意义上讲，创新就意味着综合。创新活动一般不会是原创性质的创造性活动，而是博采众长和吸纳优势的综合实践活动。无论是科技创新、制度创新还是理论创新，在方法论角度看，基本都是通过大量的比较与鉴别，并通过扬长补短以及合理的扬弃，综合性地创新出新的成果，绝不是对旧事物的简单重复，而是具有明显的继承性。

5. 创造性

创造性是创新的首要特征。创新与创造密不可分，创新就是对新事物的创造或在旧事物的基础上进行创造性活动，将其转化为新事物，能够体现出事物创造性才能称之为创新。

6. 超越性

任何创新，都是一种超越，只有不断地超越，才会发展进步。创新本质上就是超越旧事物，产生新事物。具备超越性的新元素，才能称之为创新的事物或理论。

7. 时代性

创新是一个相对的概念，其价值与时间、空间有关。新故相推，日生不滞，现实世界中充满矛盾和变化，新事物在时代的变化中不断涌现，以取代旧事物。因此，创新必须在所处的时代背景下具有领先性，不能超出所在的时代，否则不具有参考价值。

8. 普遍性

创新存在于人类活动的一切领域，并且贯穿人类活动的各个阶段。同时，创新能力是人人都具有的一种能力，所有人都可以进行创新活动，人人都具有创新的潜能，这说明创新具有普遍性。

二、创新的由来与构成要素

（一）创新的由来

1. 世界源于创新

从古至今，关于世界的起源问题一直是人们最关注的问题之一。各个民族、各个时代都流传着不同的关于世界起源的传说。

我国古代流传着"盘古开天辟地"的神话；西方的《圣经》中记载了"上帝创造了宇宙"的神话；古埃及的创世神话认为，地球上的万物都是神播下的种子而形成的。

古巴比伦文化一直都被认为是西方文化的源头之一，它的天文学也被视为西方天文学的鼻祖，其创世神话更有意思。约公元前7世纪，建立新巴比伦王国的迦勒底人认为宇宙由大地、海洋、天空三部分组成。他们提出了半球形天穹笼罩半球形大地的观点，并描绘了这样一幅宇宙图像：大地像乌龟背一样是空心的半球形，中间隆起呈高山，幼发拉底河就发源于此；大地之外是海洋，海洋之外有像墙壁一样陡峻的高山——"世界之山"支撑着天空；天空是在大地之上的更大的半球，由坚实的宝石组成，其上有窗户，打开窗户水就会由天上流下来，这就是雨。大海之外的天庭居住着神灵，日月是他们造出的神灯，星星是他们放牧在天上的绵羊。天空的东西两侧各有一扇和"世界之山"连接的门，在地底有根管子连接这两扇门，太阳每天早晨从管子经东门升起，白天就照耀在天空上，晚上经西门进入管子，一直运行到管子的另一端，第二天早晨又经东门升上天空。

神话固然美妙，但终究不是事实，它只是反映了一定阶段社会的发展水平和人们的认知水平。人类根本没有满足于神话传说，而是根据大量的现象和事实开始了思考，力争科学地阐释宇宙的形成。从哥白尼到开普勒，从牛顿到爱因斯坦，从哈勃到迦莫夫，无数天文学家、物理学家多少年来努力探索和研究，产生了不少关于宇宙诞生的学说，使人们对宇宙起源和演化的问题有了基本的了解。"大爆炸学说"可以说是现代宇宙学中最有影响力的一种学说。

现代天体物理学的宇宙大爆炸理论认为，宇宙是通过最早期的电子、光子、质子、中子或更小的基本粒子爆炸、结合、凝聚、化合等演化而成的。基本粒子演化成为不同的原子，原子的不同组合形成了各种分子，不同的基本粒子、原子、分子的相互作用构成了这个世界无尽的物质和能量变化现象。大到日月星辰的运转，小到每一粒尘埃的浮动，平常如阴晴雨雪的变化，美丽如湖光山色的风光，都是大自然变化的结果。

2. 生命源于创新

对生命起源的思考如同对宇宙起源的思考一样，一直伴随着人类的发展。古往今来，关于生命起源的瑰丽传说不计其数。生命的演化同样可以看成一个复杂而伟大的革新过程。根据现代生命科学的研究，一切生命的构成元素都不外乎水、无机盐和有机物，而其中控制着复杂的生命过程如繁殖、生长发育、遗传变异与进化的物质元素是蛋白质与核酸。生命从最简单的单细胞形式发展到现在已知的200万种形态各异的生命体，这种过程是蛋白质与核酸不断地发生变化以适应环境的结果。生命体的自我更新是一种永无止境的创新性运动，产生了一个又一个新生物，这些新生物又以自身为创新源产生了更新的生物，生命就是在这样的过程中一步步变得丰富多彩的。进化就是一个个变化的创新性过程的组合。

3. 社会源于创新

人类意识的产生经历了漫长的创新发展历程：从物质的反应特性到低等生物的刺激特性，从低等生物的刺激特性到高等生物的感觉特性，从高等生物的感觉特性到人的思维特性，这三个环节的转化都依赖创新。通过创新性劳动，人类实现了从猿到人的转变。人类要想继续发展前进，主要不是依靠体力，而是依靠自己的智力和创造力。创造是人类最重要、最根本的特征，创造活动是人类最有价值、最有意义的实践活动。过去人类依靠创造性劳动得以脱离兽群，今后也将依靠创造性劳动向美好的未来继续迈进。

人类社会形成表现为人类在创新基础上的意识与自然统一的创新发展过程。随之统一的客观物质创新作用分化为两种形式：自然的客观物质创新和人的创新实践活动。客观物质世界是离开人的意识而独立存在的客观实在，依据自身固有的规律发展创新，人的思维与它并不相干。而思维在本质上就是要"认识存在""感知物质"，具有主观能动性。思维能够通过实践认识客观事物，把握事物创新发展的客观规律，并按照这些规律来改造客观世界以实现人类的目的，从而达到思维与物质的统一。

人类社会从简单到复杂、从低级到高级、从原始到现代的进化历程，就是一个不断创新的过程。创新是一个民族进步的灵魂，是一个国家兴旺发达的不竭动力。整个人类历史，就是不断创新、不断进步的历史。没有创新，就没有人类的进步，就没有人类的未来。人类创新了社会，社会发展也促进人类的创新活动。

4. 创新源于需求

西方有句谚语："需求乃发明之母。"说明了需求之于创新的重要性。需求是创新的动力，是创新活动的基本起点。科学家、发明家、文学家等之所以能够创新，有所建树，是因为他们把握了事物内在的创新规律，在充分了解相关领域之后对其所存在的需求进行针对性的研究，从而取得开创性的进展。创新具有价值性与目的性，而实现其价值性与目的性最直接的方式就是满足社会的需求。

（二）创新的构成要素

创新并不是一个简简单单的想法或实践，而是一个十分复杂的过程，更是一个比较系统的工程。创新大体上是由创新意识、创新思维和创新实践共同构成的。一个成功的创新活动必须包含创新意识、创新思维和创新实践，三者相辅相成，在创新过程中发挥着不同的作用，只有这样创新才有可能取得成功。反之，没有创新的基本构成要素，就根本不存在创新，更谈不上创新的成功。

创新意识是创新主体进行创新活动的前提和起点，也是进行创新活动的内在动力，是在遵循事物客观发展规律的前提下，变革旧事物并创造新事物的主观欲望。创新意识为创新主体提供了强大的动力，是人们在进行创新实践时面对各种挫折和挑战，依然能够将其克服并不断探索的精神支柱。创新主体只有在具有创新意识的前提下，才能进行创新活动。另外，创新意识并非先天的、生来就有的，它是一个非智力因素，需要后天的培养才能拥有和提升。因此在现实生活中，我们要有目的地培养和提高自身的创新意识，时刻保持创新的热情，善于观察并发现问题，增强好奇心，培养怀疑精神。

创新思维是创新的内核，其本质在于使用新的角度和新的思考方法去解决现存的问题。创新思维是通过发掘和应用事物的本质规律和发展规律，预测和推理某种事物的存在状态和变化规律，并开发新事物的思维活动。创新思维对于创新活动十分重要的另一原因是创新思维是创新的有效工具。创新思维与常规思维相比克服了其单一性、孤立性和纯逻辑性，具有独特性、发散性和非逻辑性。正是因为非逻辑思维的存在，创新思维才更好地成为创新的得力工具，为创新的成功开辟道路。

创新实践是整个创新活动的关键和重心，是决定创新能否成功的关键一步。如果只有创新意识和创新思维，却没有将创新付诸实践，创新将毫无意义可言，只停留在了思想层面，永远不可能变为现实。当然，创新实践一定是创新主体进行创新活动的最后一步，主体必须首先有创新意识，并形成系统的创新思维，才能进行创新实践。创新实践能否成功进行决定了整个创新活动的成功与否，因此，在创新过程中，我们一定要将意识和思想付诸实践，继而以实践得出的理论为指导进一步提高自身的认识，提高创新的成功率。

三、创新的理论基础

（一）马克思关于人的全面发展理论

马克思关于人的全面发展理论为大学生创新意识培育提供了理论基础。马克思在《1844年经济学哲学手稿》中对国民经济学和黑格尔进行了批判，入木三分地揭示了资本主义中人的异化使人存在的本质被抹去，无法体现人的本质，并在此基础上讨论了共产主义的三个阶段。马克思认为共产主义是人的自我异化的积极扬弃，他期望社会主义解决人的异化、实现人的解放，从而达到人的本质的实现和全面发展，对人的全面发展理论进行了初步阐述。

在此后的研究中，马克思又进一步阐明人的全面发展是指"人以一种全面的方式，作为一个完整的人，占有自己的全面的本质"。马克思关于人的全面发展理论包括如下三个方面的内容。

第一，人的能力的全面发展。指的是"人生产某种使用价值时运用的体力和智力的总和"。即人在德、智、体、美等方面的能力不断发展，适应不断变化的生产需求，以达到能力的全面发展，为社会贡献自己的力量。创新能力是人的能力的核心组成部分，创新意识作为人创新能力的重要因素，能够激发大学生的内在创新潜能，使其创新能力得以突破，获得更高层次的发展。

第二，人的需要的全面发展。人的需要是人的全面发展的前提，与人的全面发展及社会的全面发展相互促进。创新意识是人为满足需要而产生的创造新事物的意识，在满足自身需要的创新活动中对人的需要所满足的程度产生直接影响。大学生创新旨在激发其创新欲望，使大学生不断发展自身需求，进行创造性活动，从而推动自己的全面发展。

第三，人的社会关系的全面发展。马克思认为："人的本质是一切社会关系的总和。"大学生是社会的一分子，创新活动是一种社会性活动，创新意识是人进行创新活动的前提。大学生创新归根到底是为了服务社会，促进社会发展。在创新教育过程中，蕴含着教育者与受教育者之间、受教育者之间、教育者之间等主体的多维联系，不断产生和塑造着新的社会关系，加强了人与人之间的联结，继而促进人的社会关系的全面发展。

马克思关于人的全面发展理论深刻地阐述了人作为创新活动的主体，如何通过实践不断地完善自我的全面发展过程，对思想政治教育目标和内容的确立具有指导意义。因此，大学生创新需要以马克思关于人的全面发展理论为理论支撑，注重对大学生实施能够实现人的本质的教育，完善高校创新教育理念和方法，将其贯穿高校创新教育全过程，提升大学生的创新意识，促进大学生的全面发展。

（二）中国传统文化中的创新思想

1. 日新日进，穷则思变

儒家思想是中国传统文化的主流，渗入中国文化的各个领域，并对人的价值取向、思维方式等方面产生了深刻的影响。《礼记·大学》中提出"苟日新，日日新，又日新"，这是儒家创新思想的具体体现。这句话从"勤于省身"角度来强调要不断革新，启示人们要有创新思维与创新思想，要不断地进行创新。而后北宋程颐与程颢更加详细地对这一观点进行了论述："日新者，日进也。不日新者必日退，未有不进而不退者。"这句话指出，能做到天天求新，就能天天进步，如果不能天天求新，必然天天后退，从来没有既不前进又不后退的人。二程不但提出了创新思想，还指出了创新的重要性。这预示着社会在日新月异地前进发展，人同样也要不断地求新。如果做每件事都因循守旧，不善于创新，那么自己就不能进步，社会也难以发展。如果说"日新日进"是人们自觉要求的创新，"穷则思变"则是外部环境或事物到一定程度无法进行下去迫使人们进行变化和创新。《周易》中有"穷则变，变则通，通则久"，这意味着事物发展到了极点，就要发生变化，发生变化才会使事物的发展不受阻塞，即任何事物都要创新，只有创新的事物才能不断地发展，才能永久立足。这启示我们在不断发展的历史大势下，必须敢于创新、勇于创新。当今世界正面临百年未有之大变局，新时代的大学生既要"穷则思变"，又要发挥"日新日进"的主体自觉创新意识。

2. 旧邦新命，推陈出新

中华民族自古以来就有强烈的创新精神。《诗经·大雅》中记载："周虽旧邦，其命维新。"它最初的意思是周虽然是一个古老的邦国，但是它禀受的天命却是新的，焕发出了新气象，后来人们又把这个意思进行了引申，就变成周虽然是古老的邦国，但是它的使命却在于创新，这就把周朝的文化价值落在创新上了，也体现了周朝推崇创新精神。人们用这种"维新"精神开启了伟大的中国文明，并且不断地把它推向前进。这种不断超越自我的"维新"精神，也就是我们中国人现在展现不断创新的中国精神的源泉。我国实行改革开放的基本国策正是继承和发扬了这种创新精神，改革最本质的要求就是创新。事实证明没有改革开放，就没有中国的今天，没有改革开放，也不会有中国的未来。中华民族在发展过程中，不但继承了"旧邦新命"的创新精神，还强调"取其精华，去其糟粕"的创新方法。《明史·范济传》有"严伪造之条，开倒换之法，推陈出新，无耗无阻"，本意指推出粮仓里的旧粮，更换新粮；现在引申为剔除糟粕，吸取精华，使之向新的方向发展。创新不仅指颠覆性的变革，发现和运用旧事物中的新联系、新规律也属于创新。由此可见，推陈出新是创新的一个重要方法。回首中华民族的发展历程，正是继承了推陈出新的方法，才让中华文明成为人类历史上绵延5000多年至今未曾中断的灿烂文明。新时代大学生要继续秉持"旧邦新命"的创新精神和"推陈出新"的创新方法，在新时代创造中华民族新的奇迹。

3. 别出心裁，标新立异

中国传统文化中的创新思想除了体现在对创新、创新精神、创新方法的论述上，还体现在提倡创新思维方面。"别出心裁"与"标新立异"是古代提倡创新思维的表现。《水浒全书发凡》记载"今别出心裁，不依旧样，或特标于目外，或叠采于回中"，由此看出别出心裁是指另外想出一种与众不同的新主意，这种与众不同的主意是对创新思维应用的结果。面对问题，人们总是不敢打破传统固有的观念，不愿积极思考，不敢突破过去的思维定式，所以就谈不上创新。"标新立异"这个成语则来源于一个历史故事，成语典故最早出于刘义庆编撰的《世说新语·文学》。典故记载《逍遥游》的注解无人超过郭象和向秀二人，但支道林却重新为其作注，赋予其新意，树立了新的见解，得到了很多学者的赏识。支道林之所以能用新的认识注解《逍遥游》并获得众人认同，是因为他敢于突破原有思维定式，用创新思维去思考问题，标新立异。创新思维具有新颖性，它贵在于思路的选择上、思考的技巧上、思维的结论上，具有超越前人的独到之处即为首创性、开创性。创新思维可以为人的认识与实践活动开辟新的局面。"别出心裁""标新立异"所传达出的创新理念对新时代大学生的创新意识的提升具有重要的启示作用，能够引导大学生在想问题、做事情中别出心裁、标新立异，从而培养自身的创新意识。

4. 世异则事异，事异则备变

在古代就有很多仁人志士非常重视和推崇顺势求变、与时俱进的精神。顺势求变、与时俱进的本质是创新。"世异则事异，事异则备变"的题中之意是创新。

时代在变化，不同时代所要解决的问题也就不同，所谓之"世异则事异"；面临的问题不同，因而解决问题的方法也要随之改变，则谓之"事异则备变"。客观事物的运动、变化是绝对的，因此应对客观事物的解决方式的变化也是绝对的。任何方式或措施都是针对某种特定的情况而制定的，人们要根据客观变化的情况，主动调整，积极应变，寻求新的策略和办法。商鞅也秉持"世异则事异，事异则备变"的创新思想，并在此基础上提出自己关于创新的观点"治世不一道，便国不法古"。由此，其进行了变法。商鞅变法是战国时期一次较为彻底的改革运动，也是商鞅创新思想的践行。通过改革，秦国废除了旧制度，创立了新制度。改革壮大了秦国的国力，实现了富国强兵，并推动了中国历史的发展进程。世世需创新，时时需创新。新时代面临着复杂的国际环境、艰巨的发展任务，今天的中国比任何时候都需要创新。新时代大学生要明确当前时代的责任与使命，秉持"世异则事异，事异则备变"的理念，适应社会的发展，激发自身的创新意识，提高自身的创新能力。

（三）熊彼特的创新理论

国外对创新理论的研究相比于我国而言起步早、发展快、理论成熟、经验丰富。1912年，经济学家熊彼特在《经济发展理论》一书中第一次明确提出"创新理论"的思想，并在之后的相关著作中将这一理论不断完善，最终形成了以创新理论为基础的独特的理论体系。熊彼特的创新理论虽以资本主义生产过程为出发点，但丝毫没有影响其在技术革新、经济管理和社会生活等领域产生的深远影响。学习借鉴熊彼特先进的创新理论观点，对我国创新型国家建设、高校创新教育的开展以及大学生创新型人才的培养具有重要指导意义。

第一，创新需要不断革新、不断创建新组合。熊彼特的创新理论认为，创新就是打破旧有经济流转模式，建立一种新的生产函数，把生产要素和生产条件的新组合引入生产体系，进而产生新的价值，这一实质性的改变就叫作创新，但如果只是在原有经济循环模式的基础上进行小修小补，就不能算是真正的创新。正如熊彼特所说的那样："你不管把多大数量的驿路马车或邮车连续相加，也绝不能得到一条铁路。"学习借鉴熊彼特的创新理论，深化高校创新创业教育改革，培养大学生的创新精神，就需要辩证看待我国高等院校的传统人才培养模式，不断探索创新型人才培养的新组合。然而，在现实生活中无论是哪个领域，要想把新组合应用于具体的实践活动中，并产生新的价值，往往存在巨大的阻力，对此，熊彼特论述道："虽然他在自己熟悉的循环流转中是顺着潮流游泳，如果他想要改变这种循环流转的渠道，他就是在逆着潮流游泳。从前的助力现在变成了阻力，过去熟知的数据，现在变成了未知。"从熊彼特的论述中，不难得知任何变革都不是轻松完成的，创新的道路上往往困难重重。要想培养大学生的创新精神，我国各高校需变顺境为逆境、将已知变未知，逆流而上克服创新型人才培养新组合形成过程中遇到的种种困难，正确解决各要素之间的矛盾冲突，最终创造新价值。

第二，创新需要内部因素和外部因素的共同作用。受马克思主义思想的影响，一方面，熊彼特认为创新是从事物内部开始的，甚至有时在缺少外部因素的情况下，内部仍然会发生改变。其认为创新是生产达到一定阶段以后自发进行的，人们通常所说的"发展"，是经济生产内部自发进行的，并不是外界强加于它的；另一方面，他又表示在创新的整个过程中，外因有很重要的促进作用。他指出："我们可以发现外部因素的变化常常引起经济运动条件的变化，外部因素一直是重要的，甚至有时是起决定作用的。"由此看来，创新需要内外两部分共同发挥作用。为培养大学生的创新精神，党和政府颁布了一系列的鼓励措施，各高校纷纷响应政策号召，积极探索创新型人才培养的新模式，并从健全长效机制和创设培养环境等几方面下功夫，但外部因素的改变只有在内部因素配合的情况下才能发挥作用，为此，大学生作为创新培养的主要对象，也应该从自身的实际情况出发，注重内部的自我革新、自我培养。

第三，熊彼特的创新理论中关于企业家精神的论述，为培养大学生的创新精神指明了方向。熊彼特在创新理论中谈到，经济发展的动力是利润和企业家精神，企业家是创新的主体动力、是创新活动的执行者。熊彼特认为，每个企业家都具有企业家精神，他们的创新活动，在以获得潜在创新利润为目标的同时，更主要的是为了实现个人价值、赢得社会地位。其关于企业家精神的阐述可归结为：首先，企业家具有敏锐的洞察力和甘愿冒险的精神。他们能够在众多的生产要素和生产条件中发现不同要素之间的相互关系并最终创建新组合，并且能够打破常规经济结构，创建新的生产函数并创造价值等，这一系列的过程需要惊人的洞察力和勇于冒险的精神。其次，企业家有自己的梦想，有强烈的成功欲望。他们在乎的是成功本身，而不是成功后的回报。他们有很强的征服意识，常常想要超越别人，创建属于自己的私人王国，尽管这样的梦想不会实现。再次，企业家享受创新过程，能够在创新中获得快乐。就算创新活动充满艰辛，他们也能以苦为乐，在创建新组合的过程中、在展现个人能力的过程中创造快乐并享受快乐。最后，企业家具有坚强的意志。打破原有经济结构、创建新的生产函数需要企业家纷纷走出舒适区，在新领域进行活动，这就使得原有的助力变成阻力、已知变成未知，这种情况下就需要企业家具有坚强的意志，也只有拥有坚强的意志力才能使他们克服重重障碍，最终把新组合应用于实际生活中。在熊彼特的创新理论中，企业家是创新的主体，企业家拥有常人所不具备的企业家精神；在高校深化创新创业教育改革的新时代，大学生是创新的主体，大学生应当具备创新精神。培养大学生的创新精神，就是使大学生在人人参与、人人创新的文化氛围中了解创新、热爱创新；在接受创新创业教育的基础上树立目标、增强意识；在参与创新活动的过程中坚定创新意志、提高创新能力。

第三节 创新教育的产生与发展

一、创新教育的概念及理论基础

（一）创新教育的概念

从一定意义上说，人类创新活动贯穿人类的生产实践、社会实践和科技实践，一部人类文明史就是一部人类创新活动的历史。创新的本质是创造一个新的东西，这个东西可以是一个新的思想、新的观点、新的设计、新的技术、新的方法、新的制度、新的管理形式等"软件"，也可以是一个新的工具、新的装备、新的材料、新的工程项目等"硬件"。

创新教育指的是在教育的过程中赋予人们创新活动的特点，且将其作为教学活动的基础，是培养创新型人才，使其得到全面发展的教育。所谓创新型人才，应该包括创新精神和创新能力两个相关层面。其中，创新精神主要由创新意识、创新思维、创新个性品质构成。创新能力是人人都有的一种潜能，它不仅表现在科学研究和工程创新中，更体现于每个人的实际学习、工作和生活中。对大学生来说，在学习活动中独立提出新问题、新思路、新方法、新见解、新结论，都是一种"发现"，都是一种"创新"。所以说，创新能力是人的创造性的外在展现，是人的思维和实践能力的高级表现形式。

国外一般用创造性和创造力培养取代创新教育。我国创新教育的提出是在20世纪末，包含广义和狭义两层含义：广义上的创新教育是指高校作为社会人才的培养基地应该按照社会的需求培养和输送具有创新思维的专业型人才，以满足社会经济发展的需求，促进新型社会经济的发展。狭义上的创新教育是指以锻炼创新意识、创新思维、创新精神、创新能力等素质为目的的教育活动。大学生创新教育是一种新的教育方式和方向，是指高校在教育中更加重视对学生创新思维、创新精神和创新能力的教育。

创新教育理念即对传统教育模式的改革创新，这个概念的提出建立在素质教育理念大力推行普及的教育背景之下，具体来说，它能够划分成思想教育、发现教育以及人格教育等方面。创新教育的核心就是对学生创新能力的培养，是全面贯彻素质教育理念的一种教育模式。创新教育理念在教学中运用的基本要求主要体现在对教师的要求方面，首先，要求教师积极改变自身的教育理念，充分认识到自身在教育中所发挥的引导性作用，改变传统"灌输式"的教学形式。其次，在具体授课中，教师应该采用具有创新性的教学方法，培养学生的创新能力。最后，在教师自身能力的提升方面，教师要积极地投入在职培训活动，不断提升自身的专业素养和教学能力，为贯彻创新教育理念奠定良好的基础。

创新教育的内涵可通过以下几方面来理解。首先，创新教育的宗旨围绕着人的主体精神产生，强调发挥主体在创新领域的潜能，通过促进主体个性的健康、良性发展来推动国民在创新领域素质的持续提升。其次，创新教育的内容可简单归纳为主体的创新意识、创新精神和创新能力。对这三项要素的利用有助于推动传统教育的改革，促进全新的理论体系和教育实践方式的形成。最后，创新教育的核心在于对主体创新意识、创新精神和创新能力的培养，即对创新教育所包含内容的实践过程。创新教育的发展需要一定的前提条件，创新思维的培养是其必由之路，思考的过程、如何思考均关系到受教育者思维能力的培养。创新意识是指人们根据社会和个体生活发展的需要，产生创造前所未有的事物的观念或动机，并在创新活动中表现出的意向、愿望和设想。由此可见，创新意识推动了创新活动的发展，形成了人与人思维方式的差别。只有具有创新意识的人才能通过对事物本质的研究和推理来培养自己的创新思维，从而不断培养自己的创新精神。

外延，即"概念中所反映的具有某种特有属性的对象"。"内涵"强调的是事物本身具有的各种"质"的规定性，而"外延"强调的则是某种"量"的规定性，是对事物在"量"的方面做出的延伸，体现的是量的变化而非质的改变。此处，我们可以将外延理解为在事物的基本概念之外可对其做出的在其他相关领域的拓展。对教育来说，其"内涵"指的更多的是狭义的教育，其"外延"指的更多的是广义的教育，即除了学校针对学生作为受教育者开展的教育活动外，一切对人的身心发展起着有目的的影响作用的社会实践活动。根据马克思对人的全面发展的理解，创新教育的外延应该实现的是人的能力、人的社会关系、人的需要等多方面的发展，因此，创新教育的外延界定为如下方面：第一，创新教育环境是满足人的社会关系发展的必要条件。利于创新教育活动和课程开展的政策环境在教学活动中发挥的是土壤一般的作用，而社会环境和教育环境的完善也起着助推创新教育发展的作用，三者必须协同发展才能将思想政治教育的育人功能和积极作用发挥到最大。第二，创新教育中"双主体"发展促进人的需要的全面发展。思想政治教育过程中的"双主体"协调发展，即教育者和受教育者的培养模式，需要从教育者的自身建设角度入手，也需要从受教育者的角度切入进行全面而系统的分析，这是为创新教育发展提供策略的关键。第三，创新教育实践是促进人的能力发展不可缺少的环节。创新教育最终要培养的人才，就是具有创新实践能力的人才，也是与马克思关于人的全面发展理论融入创新教育形式相吻合的全面发展的人才，在这一层面上，必须明确人才培养的目的，将创新实践能力作为创新教育的评价标准。

（二）创新教育的理论基础

1. 建构主义学习理论

建构主义者认为，书本上的知识不是搬出来就能用、用了就有效果的，而需要针对具体情况，对知识进行再创造。建构主义者认为，教育应该建立在学生原有的知识经验基础上，以学生原有经验为新经验的生长点。教学过程中应该创设合适的学习情境，注重学生之间的合作、交流，而不是使学生简单地、被动地接受知识。学习是学生在一定情境下根据自己的已有经验通过与教师、同学的交流互动，小组合作探究，积极主动地构建新经验的过程。建构主义者反对"灌输式"的教学，认为教学不应该是强加给学生的，教学应使学生将所要学习的新知识与脑海中原有经验进行联系，使学生自主构建新的经验。建构主义者提倡抛锚式教学、启发式教学以及支架式教学，注重学生之间的合作交流，反对死记硬背式的学习，他们强调知识之间的联系，注重学生思维能力和问题解决能力的培养。创新教育要以学生现有的知识经验为基础实施教学，要注重教学情境的构建。教师应通过创新教育激发学生联系头脑中已有的经验，使新经验与原有经验进行融合。教师在教学过程中要重视合作学习、交互式学习等各种教学方式对学生能力的培养，提倡教师和学生、学生和学生之间的经验交流与互动。

2. 人本主义学习理论

人本主义心理学家指出，如果人们想要了解行动者的活动，就必须站在行动者的视角去看事情。美国心理学家罗杰斯把学生的学习过程分为两种形式：无意义学习与有意义学习。他指出，有意义学习应该是全神贯注的，即学生必须把所有情感与意识都投入学习。在创新教育中，教师应该以有意义教学为基本理念，以学生的全面发展为教学总目标。罗杰斯批判传统的学校教育，他认为在教学过程中学生不应被动地接受知识，应该让学生主动探究，发挥学生的主观意识。学习的结果是让学生获得全方位的发展。教师应该鼓励学生学习，并作为学生学习的积极推动者，同时教师也要善于激励和引导学生，辅助学生完成学习任务。罗杰斯特别注重在教育过程中教师与学生之间情感的投入以及关系的建立，主张教师和学生之间应当是合作伙伴关系、朋友关系以及师生关系，教师和学生之间相处也应该是坦诚友善的。

3. 多元智能理论

美国教育学家、心理发展学家霍华德·加德纳通过对大脑功能受损害患者的研究，发现这些患者的学习能力存在着显著的差异。他经过大量的研究后，于1983年提出多元智能理论，将智能分成八个方面。言语－语言智能，简单来说就是口头表达能力和运用文字符号的能力，表现为一个人能够准确运用口头语言和文字符号，描述、表达自己的想法以及与他人交流沟通。每个人在不同智能上都存在个体差异，掌握的优势智能也存在巨大的差异，因此多元智能理论倡导涵盖多种相互组合的智能进行教育，尽可能让更多的学生在学习过程中匹配到适合自己优势智能的教学方式；倡导教师持有平等的学生观、因材施教、扬长避短、充分发挥学生的优点和特长，激发学生的潜能，培养多样化的人才，以提供社会发展所需的不同类型的人才。

多元智能理论的核心在于每一个体的智力各具特点，每个人都有自己的优势智能，都可以成为不同领域的人才。教师要因势利导，对症下药，针对不同智力特点的学生进行差异化的发展引导，发展学生的优势领域，并帮助学生将优势领域的特点迁移到其他智力领域。多元智能理论还认为人的智能是可以开发的，而且具体的文化环境和背景对智能的开发、评估具有影响。

在大众创业、万众创新的大背景、大环境下，多元智能理论对大学生创新教育有诸多启发，对高校创新教育的推进有一定的理论基础价值。在多元智能理论视角下，高校应注重培养和开发学生各种智能的潜力，积极将其运用到教学实践中，注重对学生创新创业能力的培养。

4. 素质教育理论

素质教育对学生创造力、自学能力等八种能力的培养做出了规定。创新是社会发展和进步的动力来源，教育培养的学生必然要符合社会的需求。因此，教育过程要注重学生创新能力的培养。如今，我们处于知识以指数形式增长并不断革新的知识经济时代，学生在学校学到的有限知识已远远追不上时代的发展，因而学校教育需要重视学生自学能力的培养。"授人以鱼，不如授之以渔"，在教学过程中，教师要引导学生树立终身学习的理念，使"活到老，学到老"的思想深入学生内心，使学生能够紧随时代发展的步伐。教师还要积极构建教学情境、重视探索性实验教学，培养学生的创新意识。

二、我国创新教育的发展历程

创新教育在中国的发展始于"创造教育"。我国创新创业教育起步较晚，发展相对缓慢。2015年，国务院办公厅印发的《关于深化高等学校创新创业教育改革的实施意见》要求高校面向全体学生开展创新创业教育，将创新创业教育课确定为大学生必修课程。党的十九大报告指出，创新是引领发展的第一动力，是建设现代化经济体系的战略支撑，要加快建设创新型国家。随着国家创新创业教育相关政策的出台，各高校积极响应国家关于"大众创业、万众创新"政策精神，把创新创业教育纳入学校的发展规划，设立创新创业实验中心、大学科技园、创新创业孵化基地、科研中心以及各类创新创业研究和实践平台。

我国高校创新教育的发展史，可追溯到20世纪80年代。其实早在20世纪三四十年代，陶行知就提出了"创造教育"的主张，将"物质的创造"和"心理的创造"的教育称为"创造的教育"，开始推行各种创造性教育的实验，并先后出版了《创造的教育》《创造宣言》等书籍，但学界对创新教育的系统研究是从20世纪80年代开始的。当时，学者们通过对国外有关创新教育研究的成果和理论进行大量翻译来进行学习研究，不断为我国的创新教育发展夯实理论基础。在对国外创新教育理念和成果进行了一定程度的学习后，我国于20世纪80年代中期先后在多所学校开展了有关创新教育的实验，并逐步将这些实验推广到小学、中学、大学等不同的教育层次，高校创新教育由此开始了真正的发展。20世纪末，我国拉开了教育改革的序幕，一些高等学校开始进行创新教育的实践。党的十七大以来，"提高自主创新能力，建设创新型国家"已上升为国家战略，创新教育的发展迎来了新的春天。在我国高等教育发展的不同历史时期，众多专家学者遵循党的教育方针，围绕创新型人才培养、全面推进素质教育、培养学生的创新精神和实践能力等方面深入进行研究和探索，形成了各具特色的理论成果，有力地推动了我国创新教育的实施与发展。

（一）我国创新教育的探索与萌芽

党的十一届三中全会之后，为社会主义现代化建设发展科技、改革教育成为当时社会关注的重要问题，而人才培养更是成为重中之重，特别是受到国际科技创新快速发展的冲击和国际高校创新教育改革热潮的影响，培养国家需要的创新型人才更加紧迫。在借鉴国外创造教育理论研究的基础上，我国少数几所著名高校和学会以创造教育为切入口，拉开了创新教育探索、萌芽的序幕。

1978年，我国改革开放伟大战略的提出，也为高等教育带来了大胆探索、求真实践的开放性创新改革思维。我国对于高校开展创新教育、培养具有创新精神人才的政策支持也蕴含在教育体制改革的重大政策决议中。1979年9月，中共中央恢复了中央统一领导的教育管理体制，为392所高校带来了自主管理、自主创新的发展机遇。1983年10月，邓小平提出教育"三个面向"重要理论，不仅明确了教育体制改革的方向，也带动了高校人才培养目标的创新性、科学性调整；学校培养的人才要掌握建设现代化的深厚科学基础知识，具有开阔的国际视野、进行国际交流的本领、终身受益的知识和实践技能，以为社会主义现代化建设创新助力。1985年5月的全国教育工作会议指出，现代化建设成败的关键在人才，要为培养新时代需要的创新型人才，改革固化的教育思维并创新"灌输式"教学方法。同年，中共中央颁布的《关于教育体制改革的决定》文件也指出，教育要培育并产出的适应社会主义现代化建设发展需求的"好人才"，既要"不断追求新知"，又要具有"独立思考、勇于创造的科学精神"，从国家政策层面第一次将创新教育培养人才范畴中所包含的"独立思考""勇于创造"列为教育所要培养的人才基本规格之一。1986年3月，《高等教育管理职责暂行规定》从联合办学、教师选聘、教学计划、内容、方法、科学研究、对外交流活动等主要方面扩大了高等学校的自主管理、计划、实施的权限，为高校创新教育活动开展的萌芽开辟了较大的创新性实施空间。1992年，党的十四大报告明确指出："必须把教育摆在优先发展的战略地位。"推动教育为社会整体发展培养大批高素质人才，从国家层面向全社会传达了教育培养创新型人才的重要性，也为致力于创新型人才培养的创新教育萌芽营造了具有良好保障的政治环境。1993年2月，国务院发布的《中国教育改革和发展纲要》中提到，教育改革要"勇于创新，敢于试验"，为高校创新教育提供了重要的萌芽机遇，而重视学生"分析问题"的思维创新，培养学生"解决问题"的能力创新以及促进"教学、科研、生产三结合"的教育实践育人理念创新，也都为高校创新教育的萌动明确了具体努力的方向，拓宽了教育教学研究与实践活动开展的范围。

改革开放初期，随着国外创新创造理论不断传入我国，我国一些对创新、创造、发明的发展具有重要里程碑意义的协会相继成立，并召开了相关学术会议，带动了对创新教育具有重要参考价值的学术著作和学术论文的少量呈现。创造教育理论研究的前期奠基，影响、推动着我国高校创新教育理论研究和活动的萌芽。

（二）我国创新教育的提升与发展

20世纪末期，创新是国家兴旺发达的不竭动力获得人们的认同，创新教育理念亦在我国被正式提出。同时，创业教育这一提升学生创新思维和创业能力的新型教育理念，也正在全球流行。因此，使受教育者学会创新，了解、接受、学会创业，提升适应创新社会发展需要的创新与创业技能，成为该阶段我国教育政策的关注点和高等教育创新型人才培养的研究新课题。也正是在此背景下，我国高校创新教育获得了进一步发展的大好机遇。20世纪90年代中期，我国政府逐渐加大了对创新创业教育的重视和支持力度。

1995年，江泽民关于创新在国家发展战略重要地位的论述以及科教兴国战略的正式实施，为高校开展创新教育、培养创新型人才的提出营造了良好的政治环境。而在随后出台的素质教育政策的直接推动下，创新教育的核心内涵在国家政策中被明确提及和呈现，高校创新教育的实施开始从国家政策中获得明确。1995年，中国科学院提出实施以"技术创新工程、211工程、知识创新工程"为主要内容的建设国家创新体系的报告，加快了我国创新教育的发展。1998年，《共青团工作跨世纪发展纲要》颁布，倡导开展中国青年创业行动、中国青年科技创新行动，共青团正式参与到高校创新创业教育工作中来。同年8月，《中华人民共和国高等教育法》的审议通过，从法律高度明确了高校人才培养的新内涵：高等教育的任务是培养"具有社会责任感、创新精神和实践能力的高级专门人才"，不仅使高等教育整体发展工作步入依法开展的正轨，也使高校开展创新教育、培养创新型人才步入依法实施的正轨。1999年6月，中共中央、国务院颁布的《关于深化教育改革全面推进素质教育的决定》提出，素质教育的重点是学生"创新精神和实践能力"的培养，标志着实施素质教育这一教育改革活动正式上升到国家意志层面。同年，教育部颁发《面向21世纪教育振兴行动计划》，强调"加强对教师和学生的创业教育，鼓励他们自主创办高新技术企业"。

自2000年开始，教育部再次发文，通过大学生就业创业、教学以及实践基地的改革建设为大学生创新能力和创业能力的提升提供政策支持与保障，进一步丰富创新教育支持政策。2000年1月，《教育部关于贯彻落实〈中共中央、国务院关于加强技术创新，发展高科技，实现产业化的决定〉的若干意见》大力鼓励大学生创办高新技术企业，更是提出了允许"休学保留学籍"；2000年1月，《关于实施"新世纪高等教育教学改革工程"的通知》从教学改革的宗旨、总目标到多项主要改革内容都始终围绕提高大学生的创新与创业能力来进行规划；2001年2月，《关于"十五"期间普通高等教育教材建设与改革的意见》对培养适应面向21世纪的高素质创新型人才需要的教材体系做出了详细的规划，在多学科、多类型、多层次、多品种的同时，更要有高质量、有创新、有发展；2001年6月，《国家大学科技园"十五"发展规划纲要》更是通过营造良好创新与创业环境、建立孵化器等六大重点建设内容和加大政策扶持力度等四条相关措施的规划，为高校科研创新、人才培养创新、教学形式创新开辟的大学科技园创新实践基地建设做出了一系列详细的规划和指导，尤其是对创办科技型企业的大学生来说，这份文件的实质性支持意义更为明显和重要。

随着创新教育在国家政策中的非直线正式提出，亦经过创造教育理论研究的前期奠基，该阶段，直接针对高校创新教育研究的全国性创新教育协会和会议相继成立、召开。我国学者较早开始对创造教育进行深入研究，也相继发表了创新教育类相关学术成果，推动创新教育理论研究新课题向好的方向发展。

（三）我国创新教育的多元化发展

进入知识经济时代，"创新创业教育是高等教育的核心"成为全球共识。创新创业教育是在创新教育开展的基础上对学生就业创业进行教育和引导，是鼓励具有创业素质的高校创新者进行创业实践，为国家经济发展提供新动能，是实施创新教育、创业教育以及创新型人才培养的重要路径。该阶段，我国国家、地方政策多元支持、多层构建，创新创业教育理念在创新教育和创业教育理念提出的基础上也被正式提出，理论研究多元化呈现，试点院校正式确立，活动本土化实践。我国高校创新教育开始进入国家引导下的多校探索、多元发展阶段。

在这个时间段内，我国出台了一些政策，指出高校应该不断创新、不断发展，要能更好地解决大学生的就业问题，同时要不断提高高校的科研能力及创新能力，要不断加大对高校学生创新、创业的培训。并且国家出台了相关的政策文件，明确指出了高校创业教育的教学内容、教学目标等。为进一步提高高校创新教育教学实施质量，鼓励更多大学生进行创新教育实践活动，保障创新创业教育的扶持力度，提升高等教育服务知识经济社会发展的创新力度，教育部在确定创新创业教育试点高校之后，又从师资、创业、资金、教学等方面继续发文，为其提供多元化政策支持，引导、支持高校多元化发展。同时，该阶段地方政府和高校层面的制度文件也开始发布，进一步给予创新教育支持，提升其活动实施的保障力度。2002年3月，《教育部关于"十五"期间教师教育改革与发展的意见》从教育学科建设、培训课程体系、教师培养模式改革等方面为"努力培养具有创新精神和能力的高素质教师"提出了发展意见，为开展创新教育的师资队伍储备了人才资源。2006年5月，《关于切实做好2006年普通高等学校毕业生就业工作的通知》重点强调了大学生就业创业需要得到校内全方位教育、校外"一条龙"帮扶，并明确要求各地、各部门要切实加大对高校毕业生自主就业创业的各项扶持力度。2007年10月，党的十七大文件中提出"提高自主创新能力，建设创新型国家""以创业带动就业"的发展战略，再度从国家层面为高校创新教育发展提速。2008年4月，《教育部财政部关于实施高等学校本科教学质量与教学改革工程的意见》从大学专业结构调整、课程、教材建设、实践教学与人才培养模式等多个方面为"显著培养、增强大学生创新精神"提出创新性教学改革意见。2009年1月，《国务院办公厅关于加强普通高等学校毕业生就业工作的通知》明确鼓励高校"积极开展创业教育"，支持高校毕业生自主创业，并明确从提供咨询到培训再到跟踪辅导的"一条龙"服务范畴。2010年教育部发布文件，指出要不断加强高校创新创业教育，这是国家第一次以正式文件的方式推动高校创新创业教育的发展，这也说明了高校的创新创业教育政策在全国蔓延开来。2010年4月，人社部和教育部等部门联合发布《关于实施2010高校毕业生就业推进行动大力促进高校毕业生就业的通知》，以实施"创业引领计划"以及"就业服务与援助计划"为主要内容，向大学生创新创业所必需的资金、场地以及培训、服务等实质性需求提出优惠性扶持政策。2010年5月，《教育部关于大力推进高等学校创新创业教育和大学生自主创业工作的意见》中首次提出"创新创业教育"一词，并明确了"以提升学生的社会责任感、创新精神、创业意识和创业能力为核心"的内涵核心。作为首个带有高校创新创业教育全局性指导意见的政策，该意见推动各高校在国家的主导下，将创新教育与创业教育作为一个整体，纳入学校教学重点事议、人才培养全过程，助力创新教育"面向全体学生"开展。2010年7月，《国家中长期教育改革和发展规划纲要（2010—2020年）》再度对高等教育要着力培养"高素质专门人才和拔尖创新人才"，加强"就业创业教育和就业指导服务"做出强调。高校创新教育被明确划入国家教育发展规划事业，得到国家的大力支持。

随着创造教育、创新教育以及创业教育活动的有序开展，高校创新教育理论研究也呈现多元视角，以更好地满足创新教育实践活动的时代发展需求。这种研究的多元化，不仅体现在以创新教育、创业教育、创新创业教育为多元主题的学术研讨会的成功举办上，更突出体现在著作研究领域的广泛性、呈现形式的多样化以及学术论文研究主题的多元化方面。

（四）我国创新教育的全面深化发展

2012年，创新驱动发展战略被正式提出，高校毕业生就业难也成为社会最大的民生问题之一。如何解决大学生的就业问题，为国家创新发展战略汇聚更多高素质创新创业人才动能，成为国家、社会和高校工作的重中之重。高校创新教育向创新创业教育深化发展成为必然趋势和社会发展突破点。在国家政策的全面支持与推动下，创新创业教育理念在全国普及，创新创业活动在全国全面展开。我国高校创新教育进入国家引导下的本土化全面深化发展阶段，成为国家创新发展的核心驱动器。

随着试点工作的结束，许多试点高校在试验过程中积累了大量的经验，也对创业教育政策内容形成了基本认识，有关创新创业教育政策文本也越来越科学化与规范化，创新创业教育政策也正式进入了扩散阶段。在这一阶段，创新创业教育取得了长足的进步，形成了较前三个阶段更加完善的政策制度和服务体系，初步形成了创新创业教育政策体系。在这一段时间当中，我国提出要建立比较健全、比较完善的创新创业教育的规范制度，并明确要求各个地方的高等学校进行创新创业教育的大变革、大整治，不断完善创新创业教育的体制机制等。在创新创业体系方面，提出了互联网+的新模式，准确推进大学生创业就业的工作。同时为了更好地深化大学生创新创业教育，国家出台了一系列相关政策，包括财政支持政策、税收政策等。在党的十八大创新驱动发展战略提出和"大众创业、万众创新"号召的大背景下，国务院、教育部发布多项指导意见文件，宏观规划、微观指导，推动我国高校创新教育向创新创业教育深度发展，进入全面深化发展阶段。而2015年国务院办公厅印发的《关于深化高等学校创新创业教育改革的实施意见》，更是直接带动各地方、各高校相关文件的多量化发布，吹响了创新创业教育政策支持的全国集结号。2012年4月出台的《教育部关于全面提高高等教育质量的若干意见》明确表示，各高校要把创新创业教育贯穿人才培养全过程；2012年11月，党的十八大提出要实施创新驱动发展战略，要更加注重协同创新，加强对"学生社会责任感、创新精神和实践能力"的培养，再一次从国家层面加快了高校创新创业教育开展进程和创新型人才培养范畴的提升。2014年，李克强总理公开发出"大众创业、万众创新"的创新创业号召，将创新创业活动的开展从高校重点实施，推广到全社会各行各业普遍参与，掀起了创新创业全国潮。2015年《国务院政府工作报告》明确将"大众创业、万众创新"作为国家经济发展的驱动加速器，将高校开展创新创业教育的意义上升到国家发展高度。也正是在此重要经济意义的推动下，2015年5月，国务院办公厅印发的《关于深化高等学校创新创业教育改革的实施意见》从小到教学方法，大到政策保障体系对创新创业教育的开展提出了9项全面而详细的指导意见，特别是允许"弹性学制"实施的支持意见，鼓舞了更多学生"无后顾之忧"地参与到创新活动中。2015年6月，国务院印发的《关于大力推进大众创业万众创新若干政策措施的意见》从96个更为细致化的方面为高校创新创业教育的全面推进提出了指导意见。这两份意见的发布，都进一步表明我国高校创新创业教育在国家引导下全面深化发展的步伐越来越快。随后，国务院、教育部又以提升对创新创业学生的服务力度、提升人才培养质量为重点出台了多项深化指导意见。从党的十八大国家创新发展战略的提出，到"大众创业、万众创新"的号召，再到党的十九大报告中习近平总书记关于推进创新的一系列指示精神，高校创新教育已经在国家发布的超过40多条相关政策的大力支持与扶持下，从具体的实践活动上升到国家推动人力资源优化、高等教育深化改革、国家创新经济发展的迫切期待的重要位置，正在从中央到地方高校被全面贯彻落实。

随着多样化高校创新教育典型经验的推广，高校创新教育论研究亦进一步深入。更高层次、更宽范围、更加国际化的创新创业教育论坛多次举办，著作和学术论文大规模推出，协同助推理论研究走向国际，铺垫实践活动的未来光明道路。

第四节　创新与创新教育的关系

一、创新是创新教育的逻辑起点

21世纪中国创新驱动发展，社会期待创新成果，创新教育成为必然，因此，创新成为创新教育的逻辑起点。创新即解决问题，这体现于人类的进化中、社会的发展中与知识的增长中。

在创新研究的探索中，众多学者聚焦于"现代人"大脑的优势，但在"现代人"之前，却是1735年《自然系统》命名的"智人"，《人类简史》认为"人类：

一种也没什么特别的动物",并猜测智人实际的脑容量比现在更大。因此,对专属于"人"的创新来讲,其自然属性中所谓的"创新基因"并非主要因素,恩格斯提示我们在从猿到人的转变中是劳动在发挥作用,人类从智人到现代人,从原始社会到农业社会,火、种子、石头是自然的赐予,而取火、耕种、石器则是解决生存问题的人的创造。恩格斯认为,真正的劳动是从创造工具开始的,而在劳动和工具的背后是解决生存问题、解决安全问题、解决需求问题的根本导向,这一直是人类发展前进的动力。

进入工业社会,珍妮纺纱机的出现,也绝不是哈格里夫斯"一脚踢出来"的,而是在解决生产效率不高的问题背景下发明出来的。只要提及"发明",包括其引申的顿悟,都不再是直接的自然获取。人类进入信息化社会,信息化时代始于计算机和互联网的发明,计算机的最初模型是1890年解决大规模手工人口统计困难问题而诞生的穿孔制表机,互联网的最初模型则是冷战思维下为解决导弹危机问题而产生的美军高级研究计划署网络(阿帕网)。随着社会的发展,人们基于计算机和互联网做的事情越来越多,解决的问题也越来越多,人们只需要在计算机前工作、在互联网上探索,减少了下地干活的需要,也减少了工厂生产的劳动,以知识经济为特征的或称以知识和创新为特点的知识社会已经到来。

知识社会的到来给人们带来一种导向脑力创新的误解——体力劳动比例下降了,数据显示实际并非如此——而真正要面临的问题是生态环境保护和人口红利消失。虽然如此,但我们更愿意将"知识社会"命名为"新知识社会",因为历史已不是19世纪马克思、恩格斯所处的历史时期,发达国家和发展中国家中的脑力劳动所占的比重越来越大,新知识生产得越来越多。脑力劳动的工具就是知识。同时,新知识是在解决问题后对认知和经验进行的总结、提炼和记录(如学术论文),记录和发布的过程也比之前时代来得更快、效率更高,"新知识"沉淀为"知识"也更迅速。

虽然创新的步伐和新知识生产的速度越来越快,但创新的核心本质没有改变,即在特定历史条件下问题的解决。习近平总书记说:"问题是创新的起点,也是创新的动力源。只有聆听时代的声音,回应时代的呼唤,认真研究解决重大而紧迫的问题,才能真正把握住历史脉络、找到发展规律,推动理论创新。"回顾近现代历史,马克思《资本论》、亚当·斯密《国富论》、爱因斯坦《关于光的产生和转化的一个启发性观点》、杜威"教育即生活"、费孝通"差序格局"、毛泽东思想、邓小平理论等,他们都在以自身的思考和实践解决问题,问题解决后形成新知识。英国教育家赫伯特·斯宾塞从知识分类的角度提出"什么知识最有价值"，一致的答案是科学，实际上，从历史演进的维度上说应该是"新知识最有价值"，教育必须让学生知道知识在被记录下来时对问题解决的真正用处，学生愿意学习用得上的知识、有助于问题解决的知识。

从智人开始，伴随着劳动和生产，教育便产生了。从原始社会到农业社会、工业社会、现代社会，充满了创新，充满了问题解决，差别在于当今需要解决的问题也越来越有难度，越来越具有复杂性，同时在博弈与竞争环境下，解决问题的速度更快，对新知识的需求也更迫切，再加上人口与环境等的压力，创新教育便呼之欲出。创新是层次跃迁的动力，人是最终发动者，教育是推动人实现这一目标的根本方案。另外，创新教育不仅有希望问题得到受教育者解决的期望，更有希望受教育者能够丰富人类社会知识图谱的目标（传承和创新），因此创新教育必须培养作为受教育者的学生的创新意识、创新技能、创新思维，使其具有创新精神，推动和促进个人需求的满足、国家发展的满足、社会进步的满足。

因此，创新是创新教育的逻辑起点，但创新并非创新教育的终点，人人具有创新的种子，但这种子却不能自发地生长，需要凭借创新教育的力量。只有受过恰当的创新教育以及包括终身教育在内的其他教育，才能促成人的创新和人最终的全面发展与自我实现。

二、创新与创新教育密不可分

广义的教育产生于人类社会的缘起，并且存在于各类生产活动中，以传授人们知识技能、改变人们思想意识的方式存在，其包含范围广，无具体边界；狭义的教育指的是对处于一定年龄阶段的受教育者进行培养的过程，只有在人类社会发展到一定阶段时才会出现。人们通过一定的社会实践活动积累了更丰富的社会经验时，以往的教育活动将不再能满足此时的人的身心需要及社会的需要，教育活动便开始单独从其他社会活动中分化，渐趋独立。

通过对创新和教育的内涵剖析，我们可以将创新教育作为一种复合概念来理解：创新教育是一种教育实践，它的价值取向为培养人的创新精神及能力，创新教育还是一种为满足社会和受教育者自身发展需求的教育形式，旨在发挥受教育者的主观能动性，促进创新人格的形成。

创新与创新教育密不可分，作为一个新兴词汇，二者是根与源的关系。为人们所熟知的前世界首富比尔·盖茨，作为公认的知识经济时代的代表人物，他的财富几乎没有一个是属于自己的发明创造，都是在别人发明创造的东西的基础上，加以变化、重新组合开发。这里借鉴引用国际上关于创新理论的解释，联系创新理论，创造发明单指前所未有的新生事物，而创新还指将已有的东西引入产生新效益，由此可见，创新的含义比创造发明的含义更广。

没有创新就缺乏竞争力，创新是一个民族进步的灵魂，是一个国家兴旺发达的不竭动力。高尔基也曾经说过："如果学习只在模仿，那么我们就不会有科学，就不会有技术。"通过创新教育，培养学生善于发现新知识、新事物的能力，关键是锻炼学生的创新意识，提高综合素养，使其成为创新型人才。所以，我国在教育培养中要深入开展创新课题，重视知识创新和技术创新，实施创新战略，构建国家创新体系，尤其是教育创新，要转变妨碍学生创新精神的教育观念、简单呆板的教育教学制度。

创新教育不仅重新定位了教育功能，也是改革教育方法的体现。创新教育是教育创新的重要环节，是具有全面性的教育革新。培养学生的创新意识将引导其朝多样化的方向发展。随着社会的发展，国家政策体制也在不断地调整，大学生不但需要加强自身的知识积累，而且要有强烈的创新意识，发挥创新能力，进而在社会上立于不败之地。

第五节　互联网+时代大学生创新教育开展的意义

一、推动高校深化改革

"青年兴则国家兴，青年强则国家强"，青年大学生是当今社会中有理想、责任感、有担当的年轻一代，是当今时代社会发展的一支新生队伍。目前，我国高等院校招生规模日益增大，高校毕业生的数量已远远超出了市场的需求，大量毕业生面临着就业难题，而日益严峻的就业形势也迫切需要高校为大学生进入社会创造条件。因此，近几年，我国政府更加重视大学生的创新创业教育，从政策和其他多个方面对大学生进行了全方位的扶持。

从 20 世纪 80 年代起，我国高校开展校办工厂、校办企业，以此推进科技成果转化，促进高校为社会发展服务，这是我国高校创新创业教育的初期行为；1989 年政府支持大学科技园的建立，进一步推进了大学生创新创业教育的实践探索；2002 年教育部开启了高校创业教育试点工作，引导试点高校通过不同的方式全面推进创新创业教育。

2015 年，国务院办公厅印发《关于深化高等学校创新创业教育改革的实施意见》，明确指出"深化高等学校创新创业教育改革，是国家实施创新驱动发展战略、促进经济提质增效升级的迫切需要"。近年来，我国为扶持大学生的创业颁布了一系列政策，并在手续审批、税收服务、创业服务等方面施行了具体措施。地方高校作为地方经济社会大系统的子系统，担负着为地方经济社会发展提供人才和技术资源的重要使命。推进地方高校创新创业教育改革，既是服务地方经济社会发展的需要，也是地方高校优化人才培养模式、提升教育教学质量的内在要求。因此，保证高校创新教育质量，培养大学生的创新精神，真正实现以创业带动就业，也是地方高校深化改革的重要举措。

二、为高校创新创业教育改革注入新活力

加强对大学生创新意识和创业能力的培养，以创业带动就业是缓解当前大学生就业压力的重要途径之一。近年来，随着互联网技术的快速发展，互联网＋已经成为一项重要国策，成为千千万万企业转型升级的重要路径。互联网＋也为高校改革发展注入了新的生机和活力，正在成为大学生创新创业教育的新平台。然而，从目前高校创新教育的现状和实际成效来看，还存在诸多问题和不足。高校创新教育作为一个多元主体的运行系统，在互联网＋时代下，要实现互联网＋与创新教育理念的融合，正确认识互联网＋背景下地方高校创新教育面临的困境，依托互联网＋技术改善大学生创新创业教育体系，构建高校创新创业教育多元化新模式等。

三、有助于大学生树立社会主义核心价值观

社会主义核心价值观来源于中华优秀传统文化，深深植根于中国大地。爱国、团结、和平、勤劳、勇敢和自我发展是中华民族的优良传统，也是民族精神文化的一种价值延伸。民族精神包括改革和创新，时代精神的创新需要人们遵守基本的规则去探索和创造。在社会中，社会主义核心价值观的发展由人们的实践探索受到启发。因此，要想确保社会主义核心价值观永葆生命力，就要提高对培养大学生创新精神的重视，加强爱国主义与责任感、使命感的教育，这既是高校政治思想工作的要求，也是新时代条件下培养大学生创新精神、提高创新能力的需要。

目前，我们致力于开发和掌握各种现代科学技术手段，处在积极促进文化传播的阶段。发展社会主义文化，就要做优秀文化的传承者，与新时代的先进精神理念融为一体。大学生应该在社会中树立表率，主动为践行社会主义核心价值观贡献自己的力量。改革创新是民族精神的重要组成部分，我国的民族精神是民族认知、民族心理和民族性格在社会历史进程中不断发展形成的。社会主义核心价

值观和民族精神，就是社会主义意识形态的一个中心的两个方面。民族精神为实现中华民族复兴提供了内在的精神力量。社会主义核心价值观是另一个方面，反映了大多数人的基本利益和社会主义社会价值，体现了最广大人民的根本利益。在中国梦实现的进程中，大学生作为接受高等教育的人才，肩负的历史使命是为国家的科技创新发展贡献自己的力量。大学生应加强自身的创新观念，锻炼自身的创新能力，切实担负建设创新型国家的任务。

四、有助于丰富大学生思想政治教育的内容

思想政治教育的任务，就是要加强大学生理想信念教育，培养大学生树立正确的世界观、人生观、价值观。大学生有了正确的理想信念，内在具有进行创新的精神动力，为培养其创新精神打下了坚实的基础。思想政治教育和创新教育都在为大学生的意识形态提供丰富的内容，为大学生按照自己的意志系统性地发展奠定了基础，二者是教育的两大主题，相互渗透发展。

创新教育的丰富与发展，进一步拓宽了思想政治教育的实践领域。要坚持集体主义思想在教育课程体系中对大学生的教育引领作用，坚持用符合社会主义价值理念的教育观念，推进大学生的创新精神教育课程体系的发展与创新，塑造具有创新理念、创业能力的优秀大学生。

创新教育在方法上创新了思想政治教育。创新教育在思想政治教育已有的理论方法和教育体系下，升级传统的教育模式，不断开拓出新的教育机制。借助基本有效的方法，如说理引导法、比较鉴别法、自我教育法、心理咨询法等，积累成功的经验，进而带领大学生接受创新创业教育理念，将其外化于行，体现在学生的日常行为习惯中，使其更好地提升素质能力，促进全面发展。

在传统文化熏陶下的思想政治教育也有其特色，传统文化是如何引导学生进行创新教育的，又是如何制约学生在创新活动中进一步发展的，其经验启示必须加以重视，要借鉴双创教育的优势导向。要从思政中的教育教学模式入手，重视教学的双向互动，达到知识与德行的全面提升，使学生在自由民主公平的教育环境下，既能学习教师传授的专业知识，又能在教师的人性关怀下茁壮发展。以日常教学中的师生互动为基础，借助多样化的教学方法，使学生亲身参与，与教师良性互动，形成一个积极的循环模式，最大限度地激发学生的学习活力，调动学生探索知识的热情，从而使学生的学习效果达到最优化，使其身心健康发展。在这种全新的师生互动下，创新的教育理念使得教师能够主动进行教学，学生能够主动接受知识，体会创新创业活动中的奥秘，形成开放式的教学思维。在这种动

态的教育历程中，能够助推创新创业教育与时俱进，更新思想政治教育理论，达到多方面的满意效果。

五、促进大学生的全面发展

人的全面发展是马克思理论的出发点和归宿，也是社会主义的本质要求，马克思一生都在为实现这一终极目标而奋斗。马克思认为人的全面发展包括人的需要、劳动、能力、社会关系以及个性等方面的全面发展，其中人的能力的全面发展是马克思关于人的全面发展理论的核心，是共产主义社会实现的基本条件，它主要包括作为人的生理基础的自然力和囊括各种复杂能力系统的社会力、智力和体力、潜力和现实能力等。而要实现人的全面发展，马克思通过揭示资本主义生产的本质，即剩余价值，剩余价值的出现使劳动者与自己生产的劳动产品相分离，使劳动者与自己的类本质相分离，从而指出只有消除阶级剥削和阶级压迫，人的全面发展才能得以实现。同时马克思还指出"教育是造就全面发展的人的唯一方法"，尽管这一论点具有片面性，但我们仍然可以看到马克思认为教育在实现人的全面发展中占有重要地位。

创新教育在我国一开始就是以全体学生为教育对象，实行"广谱式"创新创业教育。"面向全体学生""结合专业教育""融入人才培养全过程"，基本目标是实现全覆盖、分层次和差异化教育。"面向全体学生"的创新教育是实现马克思关于人的全面发展理论的基本前提，只有每一个学生的创新创业能力、意识、素质得到发展，整个社会的创新创业能力、意识、素质才能得以发展。马克思认为，人的需要的最终满足是人的全面发展的重要标志，"需要即他们的本性"，创新创业教育的其中一个目标是就以创业带动就业，满足大学生对生活物质条件的需要。此外，以创业为载体的实践活动也是满足大学生发展创造需要的重要途径。人的能力是"人的本质力量的公开和展示"，"各方面都有能力的人"得到充分展现，人的全面发展才算实现。在创新教育中，创新能力是其主要内容之一，创新能力是人综合能力的重要组成部分，充分发挥人的创新能力对促进大学生成为高素质创新型人才、实现人生价值具有重要作用。"人的本质是一切社会关系的总和"是马克思关于人的本质的学说最为精辟的概括，人是社会的人，人与社会不可分割，社会的发展和进步影响着人类的发展进程和水平，人们在社会交往过程中，逐步形成自己的存在方式和发展方式。创新教育的本质特征是实践性，实践教学是创新创业教育的主要实施方式，因此，创新创业教育鼓励大学生在实践中锻炼自己，形成自己的世界观、人生观、价值观，进一步完善自己和丰富自己，实现自己的全面发展。马克思提出，人只有实现由"偶然的个人"向"有个性的个人"的发展，才能说实现了全部的自由发展。创新创业教育的教育主体是大学生，充分重视大学生的主体地位和自由个性，培养大学生的创新意识、开创性思维是创新教育的主要内容，从而有利于大学生个性自由地发展。

大学生创新教育要以马克思关于人的全面发展理论为内在逻辑，把人的发展彻底落实在教育的始终，充分发挥大学生的主观能动性和创新创业的潜能，帮助大学生找到人生意义。人类发展史正是人不懈追求的全面发展的历史，创新离不开人，人都是愿意追求美好事物的。大学生充满着各种创新的可能性，善于学习新的事物，更易与优秀的模范产生共鸣。重点培养学生的创新创业素质，引导其全面、系统地发展，这是高校应该努力的方向，同时能够帮助大学生形成独立创新的意志。

创新型人才的培养是根据经济社会的发展和人的全面发展来确定的，大学生应在学习生活中明白自己在社会中所处的重要地位，认清自己的职责，始终维持对生活的明朗自信的态度，不遗余力地参与社会实践，更进一步投入创业中，锻炼坚强的意志，不断进行自我审视、自我改善和发展。

第二章 大学生创新教育现状

大学生创新教育是一项复杂的系统工程，需要高校在全社会的支持鼓励下，整合资源、深化改革，推动创新教育事业向深远发展。准确把握大学生创新教育的背景、现状和发展趋势，能够为大学生创新教育的发展提供现实依据，为深化创新教育改革提供现实基础。本章分为大学生创新教育的背景、大学生创新教育的现状、大学生创新教育的发展趋势三个部分。

第一节 大学生创新教育的背景

一、建设创新型国家

党中央在全面分析了我国的基本国情、科学判断了我国的战略需求后，提出了"坚持走中国特色自主创新道路，建设创新型国家"的重大决策。建设创新型国家，就是把增强自主创新能力作为发展科学技术的战略重点；就是把增强自主创新能力作为调整经济结构、转变经济增长方式的中心环节；就是把增强自主创新能力作为国家战略，贯穿到现代化建设各个方面，激发全民族创新精神，培养高水平创新型人才，形成有利于自主创新的体制。当今世界各国之间的竞争是经济实力的竞争，而经济实力的竞争就是科技实力的竞争，科技实力的竞争本质上是人才的竞争，而人才的竞争的关键因素是创新。推进我国自主创新，建设创新型国家，需要大量的创新型人才，而人才的培养特别是高素质创新型人才的培养必须依靠一种全新的教育观——创新教育。作为高等教育最集中的大学生教育，特别是大学生创新教育，在国家创新体系中占有重要的地位，是整个国家创新体系的动力系统。所以，在大学生中开展创新教育，对创新型国家的建设起着积极的促进作用。

2006年1月9日召开的全国科技大会明确指出，中国在未来15年里，科技发展的首要目标是到2020年建成创新型国家。这是"创新型国家"的首次出现，从此党和国家为创新型国家建设负重前行。党的十八大以来，我们党为推动创新型国家建设做出了一系列战略部署，习近平总书记更是多次强调创新对中华民族永续发展的重要意义，强调坚定不移走中国特色自主创新道路、加快创新型国家建设的重要性以及迫切性。当前，国与国之间的竞争归根到底就是科技实力和创新能力的竞争，只有掌握了先进的科学技术，在关键技术和重要领域不处处受制于人，才能更加巩固自己的国际地位，提高话语权，最终赢得发展机会。创新事业呼唤创新型人才，创新型人才需要具备创新精神。面对风云变幻的国际局势和日益激烈的国际竞争，要想不断提高我国的自主创新能力、全面实施创新驱动发展战略、把我国建设成创新型国家，我们需要培养更多的创新型人才，培养人们的创新精神。大学生作为国家建设的主力军，其是否具有创新精神在很大程度上决定了我国的创新型国家建设能否成功。为此，高校应采取多种措施着力培养大学生的创新精神，使学生深刻认识到创新对国家、民族、社会以及个人全面发展的重要意义，使学生普遍拥有正确的创新观念、强烈的创新情感和坚定的创新意志，使学生能够将创新意识、创新理论知识转化为创新能力，在创新实践活动中创造奇迹，为创新型国家建设添砖加瓦、贡献力量。

近年来，创新教育受到前所未有的重视，国内出现全社会高度关注、支持创新创业的局面。中国改革开放后一直维持快速的经济增长，要想继续维持经济的健康、快速增长，就必须调整经济结构，转变增长方式，提高中国企业的竞争力。转变增长方式，提高中国企业竞争力的关键是促进创新与创业。高等教育的任务是培养具有创新精神和实践能力的高级专门人才。随着高等教育大众化，越来越多的人接受高等教育，高等院校学生是未来推动中国经济稳步向前的主力军，所以高校开展创新创业教育在高等教育培养计划中占有相当重要的地位。

高等院校创新教育成为学术研究热点是国家发展的必然需求，与党和国家领导人的讲话和相关政策出台同步，国家的政策引导强有力地推动了大学生创新教育的研究和实践。

政府各部门对创新教育日益关注，出台政策、下发文件，全力促进创新教育的发展。人力资源和社会保障部、教育部和发改委等政府部门对大学生创新教育起到直接推动作用。

教育部是国内推动创新创业的重要部门，一方面大力在高校中开展创新创业研究；另一方面在高校中推进创新创业教育，将之作为素质教育的核心部分。发改委主要制定促进中小企业发展的政策，出台鼓励创业投资的政策，推进中小企业创业培训。

二、国家发展、民族振兴

"创新是一个民族进步的灵魂，是一个国家兴旺发达的不竭动力"，一个没有创新能力的民族是一个愚昧的民族，必然落伍于时代，无法屹立于世界民族先进之林。创新是知识经济的主旋律。在知识经济时代，有一些国家是躯干国家，只接受知识、运用知识；而有一些国家是头脑国家，它们生产知识、输出知识。中华民族要发展、要实现伟大复兴，就不能仅做躯干国家，而要建设成为头脑国家，因此必须有创新、必须有创新型人才。

在竞争日益激烈的背景下，中国将会怎样发展？这是每一个中国人，特别是21世纪的当代大学生所关心的问题。大学生是祖国的未来、民族的希望。要培养创新型人才，就必须开展大学生创新教育，确保我国能在激烈的国际竞争中处于不败之地，实现社会主义现代化建设和中华民族的伟大复兴。

三、培养创新型人才

当今时代，是知识经济的时代。知识经济实际上就是创新经济，创新就是知识经济最重要、最显著的特征。教育经济功能是教育的一种显著功能。创新教育的提出明确了高等教育与知识经济之间的联系，创新表现为使用知识创造价值，发挥知识的效用，为知识经济做出诠释。作为人力资源大国，我国创新科研成果和人才数量与发达国家相比，仍然有较大的差距。中国经济需要新动力，中长期经济增长的动力自然来自经济体系内部的技术进步。经济学家熊彼特认为，"创新是要素及生产条件组合的革命性变化，其深处是技术进步驱动"，技术进步源于创业创新，这也是提出"大众创业、万众创新"的基本原因。

在知识经济时代，知识经济是以科技、知识为基础的经济，其核心在于科技，关键在于人才，基础在于教育，灵魂在于创新，创新是知识经济时代的主旋律。在以智力资源来创造社会财富的知识经济时代，在我国实施科教兴国战略、人才强国战略的背景下，传统教育已不能适应社会发展的要求，知识的接受变得不再重要，而知识的重组、整合变得日益突出。知识经济并不是说知识本身就是经济，只有通过创造性的劳动，把知识运用到生产过程当中，转化为生产力。创新成为创造社会价值的动力，而创新的关键在于高素质的创新型人才。大学生作为祖国未来的建设者和接班人，其创新能力对我国的社会发展起着至关重要的作用。高等学府是培养人才的重要基地，是培养创新型人才的摇篮。因此，在大学生中开展创新教育显得尤为必要和紧迫。为了迎接知识经济时代，我们要大力推进大学生的创新教育，培养和造就成千上万的创新型人才。从这个意义上讲，知识经济之于创新教育，既是机遇，也是挑战；既是愿望，也是要求。

党的十九大报告中，习近平总书记明确指出我国培养的时代新人要以担当民族复兴为大任，之后又在众多场合的讲话中对"时代新人"的概念进行了深化：时代新人有理想、有道德、胸怀理想、志存高远；时代新人知行合一、求真务实、敢于实践；时代新人道德高尚、崇德向善、见贤思齐。2013年全球创业周中国站活动中，习近平总书记在给组委会的贺信中说道："青年是国家和民族的希望，创新是社会进步的灵魂，创业是推动经济社会发展、改善民生的重要途径。青年学生富有想象力和创造力，是创新创业的有生力量。希望广大青年学生把自己的人生追求同国家发展进步、人民伟大实践紧密结合起来，刻苦学习，脚踏实地，锐意进取，在创新创业中展示才华、服务社会。"从习近平总书记的讲话中，我们还可以看出时代新人有着正确的创新观念、饱满的创新热情和坚定的创新意志，他们敢于创新并善于创新，他们能够将自己的梦想融入国家理想，能够不断培养自己的创新精神和创新创业能力，能够为创新型国家建设付出努力。高校加大力度培养学生的创新精神，在很大程度上加强了大学生对国家创新发展的认识、丰富了大学生的创新理论知识储备、提高了大学生的创新意识，使学生在具体的实践活动中不断提高创新能力，最终遇见更好的自己，成为国家所需要的时代新人。

四、完善大学生思想政治教育内容

培养大学生的创新精神，是时代赋予高校思想政治教育的新使命，有利于进一步完善思想政治教育的内容，为国家创新发展培养更多的创新型人才。自古以来，中华民族就是一个富有创新精神的民族，传承创新精神、培养创新型人才需要发挥高校思想政治教育的重要作用。高校思想政治教育作为精神文明建设的首要内容，一方面，能够在引导学生形成正确价值观念的同时，传播先进思想理论知识；另一方面，其始终与国家的大政方针保持一致，积极宣传贯彻党和国家的方针政策，能够使学生了解并掌握国家发展的阶段性特征，了解与自身发展息息相关的政策。

思想政治教育的形式多种多样，内容也会随着时代的发展不断与时俱进。新时代新要求，我国各高校应紧跟时代发展的步伐，将思想政治教育与大学生创新教育培养紧密结合起来，一方面有利于充分发挥高校的育人功能，为创新型国家建设培养创新型人才；另一方面，站在思想政治教育的视角，以社会现实问题为出发点，深入探究创新教育的现状以及培养过程中面临的一系列难题，分析问题、解决问题，有利于形成一定的理论体系，并在一定程度上开辟思想政治教育的新视野，拓宽思想政治教育的学科范畴，既能丰富高校思想政治教育的内容，又能增强思想政治教育的时效性。

五、素质教育深化和发展

素质教育是我国教育改革和发展的基本方向，它的提出是针对我国的应试教育而言的。中共中央、国务院颁布《关于深化教育改革全面推进素质教育的决定》并指出："实施素质教育，就是全面贯彻党的教育方针，以提高国民素质为根本宗旨，以培养学生的创新精神和实践能力为重点，造就'有理想、有道德、有文化、有纪律'的德智体美等全面发展的社会主义事业建设者和接班人。"

素质教育的重要方面就是培养学生的创新能力，而创新教育以发掘学生的潜能、培养创新型人才为基本目的，是素质教育的核心。因此，创新教育是素质教育的题中应有之义，是素质教育的具体化和深入化，是高层次的素质教育。实施素质教育只有通过创新教育才能达到预定的目标，只有大力开展创新教育，才能深化和发展素质教育，促进大学生的全面发展。

第二节 大学生创新教育的现状

一、学生现状分析

创新认识，主要是指大学生对创新的当代价值及创新概念的理解、对目前我国总体创新能力的现状及创新存在问题的了解、对我国推动创新型国家建设的指导方针及自身在创新型国家建设中的使命的认识。

绝大多数的大学生对创新的当代价值及创新概念的理解较为明确且相对全面，认为我国的创新能力还要持续加强，个别领域的创新形势较为严峻，这与我国在科技创新方面虽取得很大成就，但一些关键核心技术还受制于人的创新实际情况是完全符合的。新时代我国创新能力的现状、创新方面存在的问题以及大学生需担当起创新型国家建设的时代大任都引起了大学生的重视，说明新时代大学生初步具备创新认知，这一点是毋庸置疑的。

随着全面建成小康社会的进程逐步推进，固有的大批量产出人才的模式已不再适应当今社会发展的需要，衡量创新型人才的标准和要求也愈加严苛，此时，创新教育发展战略的实施就显得十分必要。创新型人才的培养不同于其他，它需要大学生具有较强的独立思考能力和独特鲜明的创造个性，从而构建独特的思维模式，这就需要开展以人为本的创新教育，突出人的特性。

社会大规模生产的需要带来了批量化的生产，各种文化的输出形式变得千篇一律，就连人才培养模式也渐入僵化状态，开始出现"批量生产"的趋势，这是经济社会发展带来的不可避免的问题，却也是开展创新教育要极力规避的现象。当代高校学生在创新教育开展的过程中呈现出了一定的特点，也暴露出了一些问题。

第一，大学生的创造力有待激发。传统的激发大学生创造力的方式是采取不同种类的课堂手段，即不同的教育措施，这样的初衷并无大碍，但在具体实施层面需要进一步地改善和提升。目前的课堂手段依然采用的是偏于陈旧的方式，一定程度上忽视了大学生在创新教育实施过程中主体性的发挥，记忆模式偏机械，大学生缺少体验式的课堂经历，长此以往，达不到开发和发展大学生创造力的目的。只有当大学生本身对创新富有热情时，相关的创新行为才会产生。新时代大学生在创新教育领域是具备基本的动机的，只是相关专业知识掌握得不是很深入，当他们渴望在学习的过程中产生新的理论时，就需要促使自己形成全新的学习方法，而学校为其提供的客观条件却是比较有限的，这时，学生对创新教育课程及实践安排的积极程度就会有所降低，削弱了大学生作为创新教育主体的作用，这是创新教育开展过程中忽略大学生主体意识的表现。

第二，部分大学生对创新教育的重要性认识不足，对创新知识的了解不深入。创新教育对于培养大学生的创新精神、创新意识和创新能力起着至关重要的作用，大学生对于高校创新教育的作用也有着客观、正确的认识，但也有部分大学生对创新教育重要性的认识持一般态度，因此有必要加强对这部分学生的思想引导与教育工作。创新知识是大学生创新教育不可忽视的重要部分，创新知识诠释了创新的内涵和外延及其组成部分，其用于提炼和指导组织实施创新，以保障组织能力的提升和可持续发展。大学生的创新知识了解程度主要是指与创新相关的全部专业知识和基本常识的了解和掌握情况。新时代大学生虽具有较为广阔的创新知识基础、了解一定的创新知识，但博而不深，存在创新知识了解不深入的问题。大学生对创新知识的了解呈现出浅表化的特征，了解不够深入。大学生对全球创新发展趋势、国家有关创新战略、国家或学校出台的关于大学生创新创业方面的政策的关注较为积极主动，大多数大学生也都知道相关创新政策、理念，但是对于创新在其中所起的作用、要求达到什么样的程度并不是很清楚。大学生对创新知识了解不深入还表现为对创新的法律法规知识缺乏。我国在创新相关方面的法律法规有《中华人民共和国促进科技成果转化法》《中华人民共和国科学技术进步法》《中华人民共和国科学技术普及法》《中华人民共和国中小企业促进法》《中华人民共和国专利法》等且日益完善。可见，新时代大学生对创新相关法律法规了解不足。

第三，大学生的创新兴趣和对政策的关注度尚需提高。创新兴趣，是指大学生期待参加创新活动或竞赛、积极探求新事物、乐于探索创新现象的本质和规律的一种心理特征。"知之者不如好之者"，兴趣是最好的老师，从心理学角度看，兴趣会在人的头脑中形成优势中心，使人的注意力高度集中并能够维持很长时间。因为探究的是自己心中向往的东西，所以个体就会呈现情绪饱满、联想丰富的最佳状态。创新兴趣是创新意识的组成部分，有了创新兴趣才能激起大学生进行创新的想法与行动，大学生才能认真研究并积极探索新事物，激发自身的创新意识，促使创新活动取得成功。新时代大学生对创新的兴趣较为浓厚。新时代大学生成长在互联网时代，他们获取信息、学习知识的方式多样且便利；他们视野更为开阔，思维更加活跃；他们把新时代社会特点与责任使命联系在一起，增强了自身和现实社会的结合度。时代新特点赋予他们较强的自学意识与竞争意识，他们对新的事物充满新奇感与惊奇感。多数大学生对创新和创新活动比较感兴趣，且对新事物展现出积极探索和乐于接受的态度。兴趣是人认识某种事物或从事某种活动的心理倾向，它是推动大学生创新的一种内在力量，大部分大学生对创新抱有较浓厚的兴趣，并有积极参与的意愿，但也有部分学生对创新缺乏兴趣或抱着无所谓的态度，因此学校应有针对性地采取措施提高这部分学生的创新兴趣和积极性。部分大学生对国家出台的扶持大学生创新创业的优惠政策、法规关注度不高，这反映出国家出台的扶持大学生创新创业的优惠政策和法规还不够完善，媒体和学校对其宣传的力度也不够，导致部分大学生对相关政策和法规的关注不够、了解肤浅。大学生创新意识通过其自身一定的行为展现，最基本的就是对创新趋向的关注。这里的创新趋向指的是全球创新发展趋势、国家有关创新战略以及国家和学校出台的关于大学生创新创业方面的政策和法规发展的动向。观念的东西不外乎移入人的头脑并在人的头脑中改造过的物质的东西。趋向是事物发展的动向，其是客观存在的，并非主观臆想的。趋向引领未来。新时代大学生只有主动关注并准确地把握当今世界、我国在创新方面发展的大方向，才能找到适合自身发展的正确创新方向，参与创新活动，为祖国创新事业贡献自身力量，从而实现人生价值。大学生主动关注创新趋向首先表现在大学生关注创新趋向的态度积极，较为主动地关注创新类的相关内容。除此之外，大学生主动关注创新趋向还表现在大学生关注创新趋向的方式多种多样。

第四,大学生的创新创业自信心和胜任力有待增强。大学生是"大众创业、万众创新"的生力军,他们对创新前景的看法反映着他们对创新的自信心,并直接影响到其创新行为。学校和全社会都要大力宣传创新创业的重要性,并加大对大学生创新的扶持力度,提高他们创新创业的成功率。

第五,部分大学生的创新情感和创新积极性有待提升。创新情感,是大学生引起、推进乃至完成创新的一种心理因素。其既包括大学生对创新的认同感,也包括热爱创新事业的情感。情感反映着人对他人和对事的态度、选择和行动。法国启蒙思想家狄德罗曾说:"只有大的情感才能使灵魂达到伟大的成就。"创新性的活动需要强烈认同感、热爱感的支持才能取得突破。大学生的创新情感是能激发其创新心理活动和创新行为的动机,正确的创新情感能够使创新成功。新时代大学生对创新及创新活动积极认同并有对创新活动的向往之情。从新时代大部分大学生喜欢参与创新创业活动、认同创新创业可以看出大学生的创新情感比较充盈,他们已经在情感方面对创新创业活动产生了共鸣,并且能够对自身的意识与行动产生直接的影响。然而,部分大学生对创新的知识储备不足,没有形成健全的知识体系。当前部分大学生不再把学习当作第一任务,各种各样的活动占用了其深度学习的时间,对所学的专业知识提不起兴趣,但是创新型人才的培养离不开基本知识和基本方法的积累,知识越丰富,联想就越多,可塑性也就越强,只有具备相应的专业知识和较强的创新能力才能有效地进行创新实践活动。大学生的创新想法、创新精神在娱乐方面最为突出,对于其他方面的主动性不高,部分大学生没有参加过创新实践活动,创新积极性不高。

第六,大学生的创新参与自觉性较差。创新参与自觉性指的是不用别人督促,大学生个人积极、主动、自愿地参与一切创新活动的程度,其产生是建立在大学生的创新认知、创新兴趣、创新情感、创新意志力基础之上的。毛泽东在《体育之研究》一文中指出:"坚实在于锻炼,锻炼在于自觉。"由此可见,自觉性对实践活动的参与非常重要。自觉性从属于意识,创新参与自觉性是创新意识培育的内在动力。大学生的创新参与自觉性表现在能够自觉地参与到创新活动中,凭借着自身的创新信念来调整自身的参与行为;能够独立地、自觉自愿地根据创新活动的需要来约束自己的行为,自觉地排除创新过程中遇到的各种困难;能够自觉地评价自己的创新行为和目标要求之间的差距,据此修正自己的创新行为。新时代大学生参与创新活动的主动性较为缺乏,创新参与自觉性较差。这在很大程度上反映了大学生在将对创新的兴趣、情感转化为创新行动上还存在着一定的困难,并且在参与创新活动等方面尚未形成强烈的自觉性,因此高校需要在这方面多加引导。

要想建立政府、高校、社会以及学生之间的创新教育协同推进机制，必须加强各部门之间的合作与沟通交流，特别是高校，它是最为重要的一部分，不仅要把教育教学任务落到实处，还要与职能部门和有关社会单位交流。所以说，高校要成为连接政府、企业、学生三个主体的桥梁，建立好各主体间的联系，调动各种有效资源，为确确实实想创新的大学生给予保障和支持，促进创新教育的长期有效发展。

二、教师现状分析

教师是大学生创新的组织者和指导者，教师特别是创新教育专职教师的创新素质与能力是高校创新教育顺利开展的关键。创新教育师资力量不足、素质欠佳仍是当前制约高校创新教育深入开展的瓶颈因素。从素质上看，创新教育专职教师存在创新理论知识薄弱、实践能力不足和经验缺乏等问题，而兼职教师又存在教学经验不足和时间、精力投入有限等问题。因而，我们可以更为清晰地了解到，即使创新教育教师具备了充足的理论知识，但这并不能体现教师的综合素质水平，因此要重视教师的实践经验，重视教师理论知识与实践经验的合理运用，从而提高大学生利用理论知识去处理具体的实践问题的能力。由此可见，创新教育教师绝不仅仅是理论水平高就代表着教学质量高，应该更加注重教师的创新实践经验，更加注重教师的理论知识和实践经验之间的有效结合。

高校教师参加校外培训的人数比较少，并且这几年变化并不大。大多数情况下，高校选择在校内请相关专家为各位教师进行指导和培训，或者高校组织交流会，为各个导师提供互相交流经验的机会。高校教师参加校外培训人数少的原因主要有如下有几点：一是学校的相关经费有限，不能承担创新教育教师去省外参加相关培训的费用；二是校内兼职教师较多，大部分的名额最后都限定在了专职教师之中，兼职教师基本上没有机会参与。总之，不管是校内还是校外的培训，只要学校能定期组织创新的相关培训，都会对教师的授课内容和形式有很大的帮助，从而有利于各校创新教育的发展。

三、高校现状分析

（一）高校对创新教育的基本认知

培养全面发展的人，需要结合我国社会发展特点对学生进行"德、智、体、美、劳"全方位的培养，也需要结合我国高校对创新教育的基本认知。创新教育教学作为与传统专业课的教学内容和形式都有所区别的一种教学形式，对于其在高校开展过程中的基本认知问题而言，可以从其对教育者、受教育者的认知以及不同职能类型的高校来考量。

对于理工科院校而言，包括政府、社会和市场以及与学校结合发展的企业在内的各项因素共同构成了推动创新型人才培养的外部环境，从事不同专业领域事业的创新型人才丰富了创新教育的人才构成。作为专门培养理工科创新型人才的高校，将创新教育与理工类知识结合也是为国家高等教育改革做出贡献的一种途径，而理工科院校在培养创新型人才的过程中常常呈现出以下特点：理工科院校对创新教育的基本认知多数停留在将专业知识与各类培养计划相结合的层面，且与科技生产实际紧密相连。自21世纪开始，各理工科院校从未停止过对符合中国特色社会主义发展国情的创新教育发展之路的探索，如为了加强产学研合作而于21世纪初启动的创新型工程科技人才培养研究、卓越工程师教育培养计划、"十二五"期间开始实施的大学生创新创业训练计划等，这一系列计划都是为了培养理工类创新型人才而制订的，体现出了政府对创新教育的重视，但也凸显了我国在创新教育发展过程中核心竞争力不足、培养人才模式单一等问题。整体来看，理工科院校对创新教育的认知是基于对实际操作性较强的各类实验而谈的，对校企合作的参与性也不是很高。

对于体育类院校而言，科技的发展和社会的进步也加大了市场对具有创新精神的体育专业毕业生的需求。高校开设的体育教育专业承担着为中小学输送体育师资的责任，培养具有创新精神的体育人才无论是对体育学科的发展还是对体育专业高素质人才的培养来说，都具有深刻的意义。体育类院校多数将创新教育融入体育类教学的课程实践，并与各高校制定的培养目标紧密关联。就目前各体育类院校的课程设置来看，无论是教师还是学生都存在着对高校制定的培养目标认识不明确的现象，也在一定程度上影响了对创新教育开展的认知。因此，对于体育类院校而言，其培养目标多数在于培养复合型体育人才，课程也均围绕这一目标设置，但学校师生则认为体育类院校的培养目标应该为中小学体育教师，因此，为了保证创新教育在体育类院校的良好开展，课程改革和教育目标的设定势在必行。

对教育者而言，他们普遍将创新教育视为辅助专业课教学的类似于创造力开发的一门课程。创新教育的教材具有地方特色、学校特色，个性化较强，这就更容易使教师将其视为类似于校园文化教育的一门课程。高校在培育学生创新精神方面的宣传与相关政策完善程度不够高，所以应该及时对学生进行各项创新精神项目课的教学以及加强学校各类创新信息的宣传工作。高校对学生的培养没有实现一个质的飞跃，对创新的专注度不够高，要跟上时代的创新要求就必须对大学生的个性予以保护，对单一的管理模式进行创新。当前还有不少高校的领导和教师对创新教育的重要性认识不够，如将创新教育当成缓解学生就业压力、提高毕业生就业率的权宜之计，或是培养少数创业精英的有效途径。因而，高校必须进一步提高对创新教育的重视程度，并将其贯穿创新教育的全过程。

对受教育者而言，他们对创新教育的认知是相对片面的。高校学生在接受一门课程前，很少会主动去建构一门学科的体系和预习要学的内容，在开课后，学习也多半以被动的接受学习和机械学习为主，不会融会贯通。对于创新教育的实践课程，部分学生将其视为一种在课余期间的放松，不会将实践课程的重要性等同于理论课程，对其认识模糊不清。目前高校部分学生认为自己创新精神不够高的主要原因是天赋不够，部分大学生在日常学习中存在畏难情绪，这正说明高校缺乏对学生个性的培养，导致大学生创新积极性和创新自信心下降，创新自信心是创新精神的源头，是进发创新思想的前提，懒于创新或者创新的积极性不高，认为创新是浪费时间，也不可能达到相应的创新水平。

（二）高校创新教育课程安排

20世纪末，在有关创新教育的实验在高校开展后，正值我国对创新型人才呼声渐高的阶段，于是，国内涌现出了第一批开设了创新教育相关课程的高校，如清华大学、复旦大学等。那时，创新教育相关课程的讲授多以创造学相关课程为主，各类必修、选修课逐步进入大学生的视野。

进入21世纪，高校创新教育相关课程开始根据不同的地域、不同的职能以及不同的学生层次展现出不同的特点，如理工科院校与师范类院校的创新教育相关课程设置不同、地理位置处于革命老区的高校与地理位置处在现代化都市的高校的创新教育相关课程设置不同、大一学生和大四学生的创新教育相关课程设置不同等。多元化的创新教育课程在稳定发展的基础上不断推陈出新，在新的世纪展现出全新的活力。

一方面，不同地域的创新教育课程开展现状存在差异。在我国东南部，出于提高产业竞争力和转变经济发展方式的需求，创新教育成为当地发展经济的必由之路。当地创新教育以开展创意课程的形式进行。初期，学生通过与社区级院校交流合作的方式参与到创意课程之中；发展至中期，参与到创新教育中的学校和学生数量都大幅度提升，创新教育课程形式也愈加多元化，讲堂、工作坊、巡讲等方式逐渐出现，创新教育成果丰硕；目前，部分高校已经采取了"实体上课与网络平台虚实并行"的方式开课，效果显著。

另一方面，不同职能、不同属性的高校创新教育课程开展现状存在差异。有的大学提出了一种以"文、理、工"三大类别为基础的实验班培养模式，其特点是弹性学制、科学教育与人文素质教育相互结合，注重对学生自主性的培养，其课程设置由必修课和选修课共同组成，注重巩固基础知识。也有大学的创新教育课程设置多以应试的形式展现，学生的满意度不高，且对课程设置的目的也存在质疑。此外，理工类院校的学生属于动手能力、实验能力较强的群体，但创新教育课程的开展却未能以使其有针对性地解决生活中的各种问题为目标，这是理工类院校创新教育课程开展的现状。师范类院校的创新教育课程开展现状也有其特点。与此同时，体育类院校的创新教育课程开展现状也有其特点。体育类院校将"培养具有创新精神的人"纳入了人才培养目标，并对训练专业的主干课程及专业课程进行了结构优化，对必修课与选修课的比例也进行了调整，逐步构建出了有其专业特色的课程结构。

创新教育课程总是因时期、所处地域的不同而展现出不同的特点，如有的高校开设的创新教育课程学科交叉特点明显，有的高校则具有鲜明的地方特色等，无论是何种类型的高校，这种在创新教育过程中特点的展现都对其发展具有一定的积极影响，但即便如此，也难免出现一些如学生积极性不高、课程设置流于形式等问题。

创新教育课程是向学生传授创新知识、激发学生创造性思维、培养创新技能的主要渠道，课程设置是开展创新教育的前提和基础。教育部要求各高校开设创新教育课程，但是目前高校的创新教育课程体系还不完善，创新教育课程独立于专业教育之外，常常以"第二课堂"或"选修课"的形式开设，未能形成创新教育通识课程与专业课程相结合、必修课与选修课相结合、理论课与实践课相结合的有效机制，建立健全创新教育课程体系仍是高校的一项艰巨任务。首先，高校创新教育过程中存在着学科定位不清的问题，很多课程都和管理学、经济学等混为一谈，处在边缘化的地位，缺乏单独的学科体系建设。在高校创新教育课程体系设置方面，必修课和选修课的开设情况也不尽如人意。其次，高校创新教育大多与专业教育相独立存在，在课程设置方面也与专业课程互无关联，缺乏本土化的优质教材资源。很多高校并没有把创新教育纳入学校的学科建设、课程建设和专业体系建设规划，课程内容大多为单纯的创新知识，将创新教育内容和技能培训画上等号，忽视了对学生创新精神和创新意识的培养，缺乏系统性和指导性，与专业学习相脱节，不足以发挥创新教育课程内容的理论性优势，使得高校创新教育仅停留在操作层面难以深入推进。

高校创新教育要想取得成效，光靠开设专门的创新教育课程是不够的，还要将创新教育内容渗透和融入相关学科专业课程教学，改变当前高校普遍存在的创新教育与专业教育相分离的现状。

（三）高校创新教育实践活动

为促进高校创新教育向纵深发展，创新活动的开展必不可少。目前，我国高校创新教育的实践呈现出多元化趋势，虽各有千秋，但究其本质，实践的探索与创新教育课程的开展几乎是同步进行的，起到辅助创新教育相关课程的作用。

创客教育是创新教育实践的主要表现形式。在开展创客教育的过程中，教育者与受教育者的身份较以往有着较大不同，教育者不再是传授知识、唯一主导课堂的人，只作为受教育者的引导者而存在，真正的学习过程需要受教育者自己进行探索，其主体性作用也被较大地发挥了出来。创新教育最大的特点可概括为"因材施教"，课前，教师会对学生的初始能力展开分析及调查，找到每位学生的天赋及学习特点，这是开展课程最基础的实践，更是创客教育实施必不可少的一个环节。与此同时，其实践形式也是多种多样的，围绕"学、做、创"三个维度来进行课程探索，学生在确定一门课程的研究主体后将自行开展分工合作，查找文献，整理汇报，教师的点评也将在特定的网络平台进行。不同于传统教育，创客教育强调的是体验、感知、设计的过程，也更多注重团队之间的分享和交流。

一些在创新教育实践方面起着先驱性意义的高校的创新教育方法也是值得学习研究的。例如，创新者教学法强调的是学生的中心地位，这个提法强调的是将"大众创业、万众创新"与日常的教学活动相融合，鼓励体验式的教学模式，它所倡导的是共享、合作及创新精神，其形式一般为将STEAM教育与创客教育二者相融合。部分地区的创新教育实践开展路径也颇具特色。我国有的高校通过开设专门的研究中心和实验室的方式来推进创新教育，从招生阶段就开始贯彻学生与教师双向选择的思想，大大提高了学生的主体地位，学程设计方面则注重动机开发和体验式教学，从对自我的探索到对社会的参与，学生在创新教育实践过程中通过循序渐进的方式不断探寻，由浅入深，具有实际意义。也有大学的创新教育实践体现在其综合性方面，将招生方式、课程设计以及师资力量进行独具特色的整合，综合凸显出高校办学方针和特色。

创新教育的延伸依据实践平台而发展，现行的高校创新教育普遍存在注重课堂讲授、忽视实践平台建设的问题。虽然一直在改革，但实践教学环节仍存在时间短、数量少、质量不高等问题。部分高校即使真正开展实践教学也多留在表层，活动效果与期望相差甚远。这样一来，一方面，难以将理论教育融入实践教学，使得学生接受的创新教育仅限于天马行空的想象，教学质量得不到保证；另一方面，本身作为一种实践活动的创新创业教育缺失了其发展的依托和载体，偏离了其存在的意义。大学的创新教育实践实训基地的建设促进了大学生自己创建项目的孵化以及与企业的对接，找准核心，依托平台，逐步建立完善的管理机构与运行模式，逐步形成了独具特色的创新型人才培养模式。这种实践的开展首先针对对创新教育有着浓厚兴趣的学生，通过对学生各自研究方向和性格特点的结合，将学生分流到各自的研究领域，为学生提供锻炼机会，并将商业计划书等创业相关基本文件的撰写规范渗透在日常的教学活动中，教导学生在"做"中学习，并为已有成熟项目的学生提供参加专家评审会及答辩的机会，最大限度地施展学生的才华，锻炼其创新实践能力。

另外，创新计划立项和创新竞赛是当前高校开展创新教育的重要实践形式，特别是国家级、省级和校级创新竞赛活动在各高校更是开展得风生水起，广大学生也踊跃参加。但是，当前高校的创新活动形式还比较单一，除"大创"立项、学科竞赛等常见形式之外，创新活动形式还不够丰富。

当前高校创新教育的开展还不尽如人意，特别是创新教育实践环节薄弱，创新实践基地和孵化平台缺乏，使得学生缺少参与创新实践的机会和施展自己创新能力的舞台。

（四）高校创新教育管理制度和机制

在国家的积极号召和推动下，很多高校积极响应国家发展创新教育。首先就是要分配一定的人员专门负责推进这项工作，尽快将创新教育融入大学的各个体系。很多院校创新教育管理部门起初呈现多样化，以教务处、学生处、校团委、就业指导中心作为牵头部门，随着创新教育发展的成熟，很多高校专门设立了创新教育学院、创新创业教育中心等独立机构。

健全的管理制度和机制对组织成员具有巨大的规范性、约束力和导向、激励作用，但高校在创新教育方面的组织领导制度、教学管理制度和评价激励制度还有待进一步完善。例如，有些高校的创新教育由团委、学工部、教务处等部门独自承担，没有形成协调一致的组织领导机制；有的高校的教育管理制度与创新教育还不配套，如缺乏有效的学分转换制度、休学创业制度等；有的高校没有将创新教育开展情况纳入教师考核和学生成绩考核，尚未形成创新教育的有效激励和评价机制。

高校的创新实践条件有限，不能跟上学生多样化的需求，忽视对大学生个性化发展的教育，同时，教学资源分配不到位，高校教师忙于常规的教学、科研，在时间和精力上对培养学生的创新能力投入是有限的。高校对学生的培养没有实现一个质的飞跃，对创新的专注度不高，要跟上时代的创新要求就应对大学生的个性予以保护，对高校单一的管理模式进行创新。在具体的办学实践中，大学学科建设与教学存在体制上的偏差，而且在发展策略上顾此失彼，重视科研成果，轻视教学过程的创新，成为高校提高教学质量面临的一大挑战。

创新教育的管理环境可从管理环境和制度环境两方面来考量。为提高人才的培养质量，创新教育的管理环境往往较多地强调管理层面的协调机制和整体性，但在实际操作层面却存在着各种各样的问题。就管理环境来讲，管理思想欠一致的现象一直存在。不统一的管理思想一定程度上影响了各职能部门之间的有机联系和良性互动，分散的管理权限导致各职能部门出现权责难划分的现象。高校学生多数为应届生，从高中走向大学校园，与社会的交流联系少，这在一定程度上会阻碍高校对学生创新思维的培养。众所周知，儿童是最容易被开发创造力的群体，高校学生已经成人，要在理论课程和实践课程进行的过程中对其创新能力进行进一步的开发是有一定难度的，在这样的客观条件下，高校必须为学生创新能力的开发创造条件，即为学生提供进行创新教育的良好环境。应试教育对学生的影响依旧体现在创新教育开展的过程中，学生在实际教学中展示出来的依旧是"学步式"学习，这一点在高校不同专业开设的创新教育课程中可以体现出来。例如，就物流管理类专业来讲，学生对创业的热情普遍不高，对创新能力培养的重视程度也不高，学校对于第一、第二课堂的结合较少，二者衔接不连贯，体现不出融合度。在这样的条件下，即便是开设了实践课程，学生也无法将其灵活运用，真正掌握将理论与实践结合的要领。对于课程的安排，从学生的角度出发，学校在为其创造良好的创新教育环境方面依然有欠缺，学生认为学校开设的课程种类繁多，但是普遍缺少逻辑性和可操作性，课程设置方式单一，也未能体现出与物流管理类专业相关的实践环节设计。学生作为教学过程中的主体，对于创新精神是有强烈的意愿去学习和研究的，待完善的是学校为其提供的创新教育环境。另外，管理目标的分散也是创新教育环境待解决的问题之一，这里提到的目标是共同的目标，而非各自单一的目标。目标不统一，在解决师生实际教学问题方面会出现拖延、作风浮躁的情况。

党的十九届五中全会强调把完善科技创新机制作为坚持创新驱动发展、全面塑造发展新优势的重要内容。当前我国创新机制不够健全，完善创新机制将为我国提升自主创新水平提供制度保障。新时代，部分大学生存在对创新知识了解不深入、创新意志力不够坚定、创新动机趋向功利化、创新参与自觉性较差等问题，归根结底是创新机制不够健全。创新机制不够健全是大学生创新教育的重要制约因素。其表现在两个方面：第一，创新评价机制不够健全。任何领域的任何创新，都面临如何评价的问题。建立健全科学的创新评价指标、完善的创新评价体系是提升创新水平与创新能力的关键部分。一直以来，我国高校创新评价体系存在创新评价标准不科学、创新评价主体单一、创新评价操作不规范等问题。各高校对学生的创新评价存在过度强调论文数量、学历、获奖层级等指标的问题。面对我国当前创新教育实践的需要，原有高校创新评价体系已不能满足创新实践教育的发展。为此，必须健全以创新为导向的评价机制，提升评价机制的科学性、合理性、公平性，为新时代大学生成长为创新后备人才提供创新机遇。第二，创新保障机制不够健全。近年来，我国制造业取得很大成就，但大而不强、全而不优的局面并未得到根本改变。创新是解决大而不强的关键。我国面临的很多"卡脖子"技术问题归根结底是自主创新能力不足，原创性研究较为匮乏。原创性研究应该从高校学生抓起，我国创新机制需要向高校创新保障领域倾斜，对那些积极投身创新活动并准备好坐创新研究"冷板凳"的大学生提供各方面的支持，为其潜心创新提供充分保障。

四、社会现状分析

（一）政府层面

大学生是大众创业、万众创新的生力军，是科技人才的后备力量，政府有责任和义务协同高校做好创新教育工作。政府在支持大学生创新教育方面的现状主要体现在以下两个方面。

第一，创新政策扶持机制不够完善。政府的创新政策对高校创新教育的开展起着重要的引导和激励作用，发达国家在支持大学生创业方面有着相当完备的政策法规，要想推动我国高校创新教育的健康发展，离不开政府的政策支持。目前，我国政府部门在税收优惠、项目支持、信息咨询、知识产权保护、提供创新创业基金、建立创新创业平台等方面，加大了对社会群体特别是大学生创新创业的政策支持力度，大力推进大众创业、万众创新。例如，2015年国务院印发了《关于大力推进大众创业万众创新若干政策措施的意见》，旨在改革和完善相关体制机制，构建普惠性政策扶持体系。但是，当前政府部门出台的创新创业方面的优惠政策基本上属于宏观政策，缺少针对性、配套性和可操作性，更缺少对大学生创新创业的具体扶持政策和保障措施，不能满足大学生创新创业的实际需要。并且，有些高校在落实创新创业政策方面流于形式，使政府支持创新教育的相关政策在高校不能落地生根，也说明政府部门对高校创新教育的管控力度还有待加强。此外，政府部门在制定税收减免、项目立项、工商登记、平台支撑、信息服务、创业培训等创新创业扶持政策时，未充分考虑大学生创新创业的实际情况，存在门槛过高、手续烦琐、力度不够、配套性弱等问题，抑制了大学生的创新热情，使高校的创新教育无法顺利开展。政府部门对创新政策的宣传力度也有待提高，大学生不能及时了解政府制定的创新政策。

第二，政府对创新创业的资金投入力度不够。资金是大学生创新创业的前提和基础，目前大学生创新创业资金的来源主要是政府和学校的创新创业基金、政府的小额贷款和家庭的资金支持。但从现实的需求情况来讲，政府部门的资金投入远远满足不了大学生创新的需求。政府虽然也为创新企业特别是高新技术企业和战略性新兴产业企业建立了不少融资平台，但大多面向大中型企业，小微企业难以获得政府的担保融资。小微企业抵御和承担风险的能力较弱，所以政府在贷款方面对其设置了诸多约束条件，导致小微企业特别是大学生初创企业难以获得充足的资金。因而，政府部门应加大对大学生创新创业的资金投入和融资担保力度，放宽门槛限制，提高对小微企业的贷款额度，激发小微企业的创新创业活力。

（二）社会层面

社会是大学生创新的外部环境支撑和开展创新实践活动的主要舞台，社会的主动参与和积极扶持是推动高校创新教育发展的必要条件。但是，社会在创新教育体系中一直处于边缘化位置。

1. 社会尚未形成良好的创新氛围

在我国，儒家思想长期处于主导地位，传统文化提倡中庸、保守和集体主义，反对冒尖和个人英雄主义，如"学而优则仕""枪打出头鸟""宁当鸡头不当凤尾""成者为王败者为寇"等传统观念，在人们的头脑中仍然根深蒂固，这在一定程度上给大学生的创新活动带来了负面影响和消极作用。社会没有充分认识到创新存在的不确定性、艰难性和风险性，尚未形成鼓励创新、支持创业、宽容失败的良好创新氛围。

2. 社会参与不够，校企合作机制不完善

我国创新教育的发展，一直得益于政府部门的全力推动和高校的主动参与，而社会组织特别是企业支持高校创新教育的热情较低。在企业、大众媒体、创新

创业中介机构、风险投资机构等非政府的第三方组织看来，创新教育是政府与高校的事情，不能充分认识到创新教育的开展与他们关系很大，不能认识到支持大学生创新对他们自身的发展也具有重要意义。例如，建立创新教育校企合作机制，不仅能够为我国创新教育的发展做出贡献，而且能够为企业的可持续发展提供创新型人才和创新成果。但是，企业在接纳大学生实习、共建创新实践基地和创业孵化平台、提供创新创业资金、参与高校人才培养计划制订、参与高校创新课程建设等方面尚缺乏积极性和主动性；社会媒体特别是电视媒体对大学生的创新关注度有所欠缺，对创新创业型企业、创新创业典型和创新创业楷模的宣传力度不够。

由此可知，社会特别是企业是高校创新教育的有力支撑，主要存在合作机制不完善、社会组织作用不大、缺乏鼓励创新和接受失败等机制障碍，尚未形成高校、政府、社会（企业）共同培养人才的合作机制。

3. 多方合作资源对接平台亟待加强

高校创新教育仅靠教育界是无法形成完整的人才培养链的，尤其在大数据时代，需要外界共同参与，不断进行信息、资源的匹配、交换，才能使高校创新教育真正成为服务学生个性发展、促进高等教育改革和服务经济社会发展的桥梁。

首先，企业意愿不强，学校和企业之间的合作不紧密，信息、资源交互性低。众多企业仍然将自身定位为单纯的用人单位、创新教育培养人才的终端环节，片面强调企业发展对人才的需求，因而只需要在创新教育末端坐享其成，享受高等教育对企业的高精尖人才输送，没有肩负起教育过程中应有的社会责任。在这种情况下，一方面创新创业的大学生缺乏现实环境的实践机会和基地，学到的仅仅是理论知识，缺乏企业所需的实践操作能力，并不能切实符合企业要求，也阻碍了产学结合促进发展的进程；另一方面，企业没有参与其中，只能被动选择发展人才，在改革深入进行的今天不利于企业提高创新竞争力。

其次，成熟的成果转化链尚未完全形成，现有的创新服务平台市场化运作水平低，难以保证高校科研活动成果转化顺利实现。虽然众创空间的蓬勃发展在一定程度上拓展了创新服务平台的功能，但其承载的科技创新能力在创新教育发展过程中还不能完全体现，科研成果转化过程中实现各方有机结合的链条体系未形成，因而众多科技创新成果依然停留在研发阶段，没有实现其市场价值。

（三）家庭层面

从"大众创业、万众创新"的相关政策来看，部分大学生的创新积极性不高，对创新的关注度不够高，相关的政策渗透力度不够，这是造成他们创新精神程度较低的一方面原因，另一方面是学生家庭情况的影响，导致他们创新精神较为缺乏。总的来说，家庭教育对大学生的创新精神以及在高校中参与创新的程度都是有一定影响的。

家庭是大学生最早接受教育的场所，父母是大学生最早的教师。父母的教育会于无形中影响子女的价值追求、行为方式和生活态度。尽管大学生接受的教育大多是以学校教育为主导的，但是家庭教育是大学生成长发展的摇篮，家庭教育在大学生创新教育中起着基础性的作用，因此家庭教育理念新颖与否对大学生的创新教育有着十分重要的影响。笔者通过分析大学生家庭的创新教育理念，发现部分家庭教育理念不新颖，主要表现如下：

第一，多数家长以应试成绩作为衡量孩子的标准，忽视孩子其他方面的发展。在应试教育的大环境下，很多家长过于注重孩子的文化课成绩，并将其作为衡量孩子成功与否的标准，认为成绩好的孩子能上更好的学校，就是优秀的孩子。有的家长甚至不准孩子参加一切与学习无关的活动。事实上，在孩子的成长中，重要的是立足全面发展的培养目标，培养孩子勇于探索的创新精神和善于解决问题的实践能力。因此，要树立全面开放的家庭教育理念，重视对孩子创新精神和实践能力的培养。

第二，部分家庭教育孩子或过于严格或过于溺爱。一些传统家庭持有严格管教才能使孩子成才的教育理念，管教过于强制与严格，压制了孩子自我意识的发展。还有一些现代家庭对孩子过于溺爱，对孩子各方面的照顾面面俱到，不利于孩子独立人格的养成。无论是过于严格还是过于溺爱的教育理念下教育出来的孩子，其均表现为父母与孩子之间的捆绑性与依赖性过强，都不利于孩子自身积极主动地思考问题、表达个人的想法。

以上这些因素都在一定程度上制约了大学生创新意识与创新能力的发展。

总之，综合分析上述大学生创新教育的现状，可以看出，浓郁的创新氛围是促使一切创新的资本迸发活力的助推器。近年来随着大众创业、万众创新新局面的发展，社会的创新创业氛围日渐浓厚，但受到传统文化观念的影响，真正形成鼓励创新、宽容失败的社会氛围尚需一定时日。社会中的舆论导向对大学生创新创业有很大的影响。一方面是对创新创业活动的认同度不高，另一方面认为创新创业意味着失败和风险。同时，创新创业文化的支撑力不足，导致高校的创新创业教育缺乏内驱力和精神支撑。另外，政府、企业、学校之间的合作有待加强，教育资源和成果转化缺乏一个动态的平台，各种资源流动缺乏活力，合力育人机制尚未形成。

第三节　大学生创新教育的发展趋势

一、"面向全体"的大学生创新教育

创新教育要面向全体学生，各高校也要通过多种方式积极贯彻"面向全体"的教育理念。从创新教育的目标和对象对"面向全体"做出解读，"面向全体"是以培养所有学生的创新观念、创新知识和创新能力为目标的。"面向全体"的创新教育有更为丰富的科学内涵，例如，有的学者提出的"广谱式"和"全校性"创新教育，就是"面向全体"理念的深化和具体化。有的学者将"面向全体"的创新教育分为初级、中级和高级三个发展阶段。我国以数量增长为核心目标的初级阶段已经结束，当前正处在以组织转型为目标的中级阶段，应该加快深化改革的步伐，尽快过渡到高级阶段，实现理念置顶、和谐共存、创建生态系统的核心目标。

二、特色鲜明的大学生创新教育模式

大学生创新教育的特色模式主要有"校本模式""区域模式""行业模式"三类，高校在坚持"校本模式"的同时主要呈现出向区域特色和行业特色发展的趋势。未来大学生创新教育要形成"三位一体、特色鲜明"的模式，大学生创新教育模式要将校本、区域和行业三方面有机结合，统筹协调、紧密联系，以实效性作为创新教育模式选择的判别标准，形成具有鲜明特色的创新教育模式，使不同高校创新教育的效果最大化。"三位一体、特色鲜明"模式的核心在于"利益契合、准确定位"，高校应结合实际，积极探索研究与区域特色、行业特色融合的利益契合点，让地方政府、企业通过"官产学"合作的形式积极参与创新教育，为大学生创新教育提供资源，并构建高校自身发展与区域经济和行业共同进步的良性互动机制，整合校内外资源，最终实现区域特色、行业特色与高等教育的协调、互动和可持续发展。

三、纵深发展的大学生创新教育体系

大学生创新教育体系的核心是课程教育体系和实践教育体系，发展的方向是

通过课程实践化、实践课程化，实现从"知行并重"到"知行融合"的跨越。

课程教育体系的实践化包括课程内容实践化和教学方法实践化两个方面。课程内容实践化是指大学生创新教育的教学内容要与创业教育实践紧密结合，在创新教育课程中增加创业实践内容。在增加创业实践内容的同时，也不能弱化创新创业理论知识。创新教育课程内容实践化不等于"去理论化"，不能将理论与实践对立起来，而是将二者有机融合，通过实践案例来丰富理论知识，通过理论知识来指导创业实践。教学方法实践化是指在大学生创新教育教学中综合运用开放式、互动式、研讨式、案例式等多种实践取向的教学方法。在课程教学中综合运用模拟教学、活动教学、体验教学、案例教学等方式，在课堂上丰富学生的创新创业实践体验，可以在一定程度上弥补创新创业实践教育体系覆盖率低的不足。

通过创新创业实践，学生学习的创新理论知识得以运用，在实践中积累创业的相关经验。实践教育体系包括竞赛、活动等载体，应该在科学规划的基础上，完善现有载体、探索新型载体、强化育人功能，实现创新创业实践教育体系的规范化发展。要科学规划，将创新创业实践教育与专业实践教育有机结合，在内容、形式、师资、管理和保障等方面参照课程教育体系的标准去建构和完善；要转变实践教育观念，使学生和教师正确认识创新创业实践的目的和意义；要规范实践教育过程，突出强化实践教育的育人功能；要完善实践教育考核方式，轻结果评比，重能力培养。

四、系统化协同推进的大学生创新教育保障体系

大学生创新教育是一项系统工程，需要体制机制、师资队伍、社会资源等多个因素作为支撑保障。

首先，大学生创新教育的深入发展对机构和制度保障的要求越发提高，建立专门的大学生创新创业教育机构，并健全制度、理顺机制是未来发展的趋势。具体而言，要结合自身特点成立大学生创新创业学院或中心，要把创新教育和大学生自主创业工作纳入学校重要议事日程；要理顺领导体制，建立健全教学、就业、科研、团委、大学科技园等部门参加的创新创业教育和自主创业工作协调机制；要统筹校内资源，整体规划和协调创新创业教育、创业基地建设、创业政策扶持和创业指导服务等工作，明确分工，确保人员、场地、经费投入。

其次，打造"三师型"师资队伍。一方面是重点建设、完善师资队伍结构中的"三种类型"：理论型的校内专职教师、综合型的校内外兼职教师、实践型的社会兼职教师。另一方面是教师必须具备"三种素质"：能讲课，拥有"广而深

的专业知识；能咨询，拥有"精而专"的实践技能；能实战，拥有"丰而强"的创新创业阅历和能力。从而提升教师水平，优化教师结构，突破质量瓶颈。

最后，构建科学化、规范化、具有可行性的产学联盟支持系统。产学联盟是一种全新的合作形式，包括各高校之间的高校联盟及企业间的企业联盟。产学联盟支持系统的构建遵循三个原则，即利益契合原则、优势互补原则、资源整合原则；包含五个子系统，即作用系统、平台系统、组织保障系统、机制保障系统和过程控制系统。通过作用系统推动高校和企业相互合作，具体合作途径则通过平台系统实现，通过组织保障系统和机制保障系统确保产学联盟的有序有效运行，通过过程控制系统进行控制，为创新教育提供资源、实践、经验和研究支持。

第三章　大学生创新教育的本质与特征

大学生创新教育是以人为本的教育，是高层次的素质教育和超越式教育。创新教育能够提升大学生的创造意识，让创造意识变成现实的创新能力，这就是大学生创新教育的本质特征。本章分为大学生创新教育的本质、大学生创新教育的特征两个部分。

第一节　大学生创新教育的本质

一、关于创新教育本质的不同观点

创新教育的本质究竟是以培养人的独造性能力为核心，还是以培养人的独造性能力和革新能力为核心。一种观点认为创新教育的本质源于创造教育的本质，是以培养人的独造性能力为核心的教育实践活动。另一种观点认为创新教育的本质是对创造教育的本质的升华和发展，是以培养人的独造性能力和革新能力为核心的教育实践活动。这种分歧的主要根源在于对创新和创造的本质差异的争议。前一种观点认为创新和创造没有本质上的差别，都是为了培养人的独造性能力。后一种观点认为创新既包含创造又超出创造范畴，是独造和革新的统一。

创新教育的本质究竟是以培养人的创新素质为核心，还是以培养人的创新能力为核心。一种观点认为创新教育的本质在于培养人的创新素质，创新素质是创新能力的源头活水。因为人的创新素质是可以培养的，而人的创新能力是人的创新素质的外化，必须在人的创新实践活动中才能得到实现。另一种观点认为创新教育的本质在于培养人的创新能力。因为创新教育不仅要培养人的创新素质，而且要引导人在创新活动中不断把创新素质转化为创新能力，创新素质只是人创新所需要的稳定的心理品质，但创新教育不能停留在培养人的创新素质上，更为重要的是培养人在创新实践阶段的动手能力。

创新教育的本质究竟是以培养人的创新思维能力和创新技能为核心，还是以培养人的内在整合发展着的创新能力为核心。一种观点认为人的创新能力主要体现为人的创新思维能力和创新技能，创新教育的本质在于培养人的创新思维能力和创新技能，而且这些能力可以单独得到训练和培养。另一种观点认为创新教育的本质在于培养人的内在整合发展着的创新能力，因为人的创新能力是人的创新个性因素和创新社会因素内在整合发展的结果，创新能力既包括人的创新智力化能力、创新思维能力，还包括人的创新人格化能力。

要想弄清创新教育的本质究竟是什么，必须立足于对创新教育对象的考察和分析。人既是现实的存在，又是超越现实的存在。一方面，人是现实的存在，是环境的产物；另一方面，人是超越现实的存在，人以其主动的活动否定现实、改造现实。人以超越现实的理想把现实不断努力变成理想所要求的现实的过程，就是创新的过程。从时间的维度来审视创新教育，就是一个立足于现实并以现实为基础，指导年轻一代不断地构建未来的过程，而从空间的维度来审视，创新教育则是指导年轻一代面对现实的环境，以其主动的实践改造环境的过程。创新教育正在通过批判思维的创新教育理念，激发创新教育受动者不断进行自我反省，向人类已经获得的现成物或结论不断地提出新挑战，展现新的世界。人既是社会的创造物，也是自己的创造物，人在创造社会的同时也在创造着自我。创新教育从本质来讲就是提升主体所拥有的内在整合发展着的创新素质，引导主体把创新素质变成现实创新活动中的创新能力。

二、大学生创新教育的本质分析

（一）大学生创新教育是高校的本质规定

1. 创新是人的本质属性

美国人本主义心理学家马斯洛认为，人的创新潜能，如果不经过挖掘和发展，就会丧失，或被掩盖，或被歪曲，或被抑制，或受到任何可能的阻碍。人的创新潜能之所以能在后天的环境和教育的作用下转化为现实的能力，是由人的本性决定的。如果说生产实践是在塑造人的物质世界，那么教育活动则是在塑造人的精神世界。"受教育性"是人所固有的本质属性，人的身心发展只有在后天的环境和教育的影响下才能实现。现代心理学和教育的研究表明：在影响到人的身心发展的诸多因素中，遗传是人的身心发展的物质前提，提供了人的发展的可能性，而教育则在人的发展中起主导作用。所有人都具有惊人的创造力。适当的教育可以激发人的创新思维能力，人的大脑不但有巨大的储存信息的能力，而且有相应的以新的方式重组信息、创造新的思想的能力。

创新是人类的最高本性。人具有极大的可塑性，善于通过生活、活动、实践获取经验与知识发展自己，进行创新。人作为活动的、实践的存在物，永远是一种未完成的存在物，不会停留在某种已经变成的东西上，不会满足于某种已经获得的规定性。人总是通过自己的实践再生产、再创造自己的新的存在状况。

创新是人的本质属性，人与动物的本质区别就在于人能充分利用已有的条件，创造出新的产品，因此，从某种意义上说，人的价值就在于对社会所做创新性贡献的大小。人类历史是一部创新的历史，通过创新，人类社会得以前进和发展；通过创新，人类不断改造着外部环境，同时也改造着人类自身，人的创新能力也就不断得到发展。没有生产工具的发明和创新，人类就不可能从猿转变成人；没有冶铁技术和耕作技术的创新，人类就不可能进入农业经济时代；没有蒸汽机的发明和创新，人类就不可能进入工业经济时代；同样，没有计算机的发明、信息产业的发展，人类就不可能进入信息时代。因此，创新是人的本质的充分体现。

马克思主义把人的全面发展理论理解为一个完整的目标体系，认为人的全面发展理论的基本内容是：人的需要的全面发展、人的劳动能力的全面发展、人的个性的全面发展、人的社会关系的全面发展。马克思认为，劳动是人的特性，作为类存在物，劳动或生产实践是人的本质，使人与动物区别开来，是人与动物的本质区别。在劳动的过程中，人身上的力量对象化于外部对象，把人的天赋和自然能力很好地显现了出来，这是一种不断改进的创造性活动。人通过劳动在改造客观世界的同时，自身也获得了发展。人的发展具有社会性，不能脱离社会的发展来谈论人的发展。人的劳动从来都是社会的劳动，人是社会的存在物，人是一切社会关系的总和，社会关系决定着一个人的发展程度，社会关系是什么样的，人也就是什么样的。人的个性的发展表现为个人主体性水平的提高以及个人独特性的丰富。个人的全面发展和人类社会的全面发展是统一的，个人的全面发展是人类社会整体全面发展的前提和基础，没有个人的全面发展，也就没有人类社会的全面发展。所以，人的需要、人的劳动能力、人的个性、人的社会关系构成了人的全面发展的目标体系。实现人的全面发展的目标，就需要探讨人的全面发展的实现条件，其中，教育就是实现人的全面发展目标的重要方法、根本途径。马克思指出，教育不仅是提高社会生产的一种方法，而且是造就全面发展的人的唯一方法。为什么说教育是促进人的全面发展的重要方法和根本途径呢？这是因为，教育能使人获得知识、提高素质、锻炼能力；教育能使人掌握劳动的技能；教育能使人获得提高知识和技能的方法；教育能使人把学到的知识转化为素质和能力；教育是培育创新精神和创新型人才的重要方式，是创造未来的起点。既然教育是实现人的全面发展目标的重要方法和根本途径，那么，这种教育应该是一种什么样的教育呢？这种教育必须包括创新教育。创新教育是重视受教育者思维、能力、个性的教育，是以每个人的全面发展为目标的，是以人为本的教育。创新教育的这种特性，决定了创新教育能够承担推进人的全面发展的重任。

历史的发展根本上就是人的本质力量的展现与解放，人的全面发展是一个历史过程。人通过劳动在创造社会历史的同时也创造了人自身，人的全面发展就是在人类社会不断发展的历史进程中逐步实现的，人的发展与社会的发展是相统一的历史过程。马克思从人的发展角度出发，以人类社会发展的三大历史形态的演进为依托，揭示了人的发展的三大历史进程：首先，对人的依赖关系的自然经济阶段，这一阶段包括原始社会、奴隶社会、封建社会。在这种历史形态下，每个个体都没有自己的独立性，而是直接依附于一定的社会共同体，个体之间的联系也只是在孤立的地点和狭窄的范围内发生着。其次，对物的依赖关系的商品经济阶段。在这种历史形态下，资本主义的市场经济逐渐取代了自给自足的自然经济，小生产方式逐渐为社会化的大生产方式所取代，个体之间的经济交往不断增加，商品交换也变得逐渐普遍。最后，人的自由而全面发展的产品经济阶段，这一阶段是共产主义社会。在这种历史形态下，劳动已不再仅仅是谋生的手段，而成为生活的"第一需要"，社会关系也不再作为异己的力量而支配人，人们将成为自由发展的有个性的人。在第一阶段和第二阶段都没有实现人的全面发展，但却为人的全面发展创造和奠定了物质条件和精神条件。人类社会的发展是逐步提高、永无止境的历史过程，而且随着社会的不断发展和进步，人们对自身的发展也会提出更高的要求。共产主义社会的实现不是人的全面发展的"历史终结"，而是人的全面发展的"全新起点"，人的全面发展是永远不会结束的。我国现在是社会主义初级阶段，人的全面发展的历史过程性告诉我们，一方面，共产主义理想的最终实现是一个漫长的历史过程，在社会主义初级阶段，还不具备实现人的全面发展的现实条件；另一方面，历史具有继承性，人的全面发展的实现又需要我们承前启后，在原有的基础上创造出更多的条件，以不断促进人的全面发展。因此，在社会主义初级阶段提出并有力地推进人的全面发展，是一个具有现实性的历史课题。邓小平指出："我们要实现现代化，关键是科学技术要能上去。发展科学技术，不抓教育不行……科学技术人才的培养，基础在教育。"实施创新教育可以推动科学技术的进步和发展，培养出高素质的劳动者和高水平的创新型人才，人才是科技进步和社会发展的动力，越来越成为决定经济增长的显著因素。因此，人才的培养靠教育，而创新教育正是开发人才的最有效形式。

2. 创新是大学的本质特性

真正意义上的现代大学起源于"德国现代大学之父"洪堡创建的柏林大学。对于新大学的办学理念，洪堡首先强调，新大学的本质是"客观的学问与主观的教养相结合"。为此，他具体提出了大学"学习自由"和"教育自由"两条基本办学方针。科学研究职能在大学的确立无疑是洪堡时期大学改革运动取得的最卓著的成果和最明显的特征。正是科学研究以及教学和科研的统一，使德国成为近代大学最发达的国家，并对世界各国产生了深远的影响。大学究竟是以传播知识、培养人才为职能的教学机构，还是创造知识、探索真理的研究机构，这两种分别带有不同大学价值观的大学职能论有史以来就有冲突，但是洪堡创立的"教学与科研相结合"的大学新模式在一定程度上解决了大学定位的这个难题。

为了从根本上转变学生的观念，使学生有研究学问的兴趣，使学校真正成为研究学问的地方，蔡元培多次强调，学生求学必有一定的宗旨，要求人法科者不为做官，人商科者不为发财致富。由于大学的性质是"研究高深学问的学府"，所以，大学不能只是从事教学，还必须开展科学研究，成为集教学、科研双重优势于一体的高等学府。蔡元培明确了研究学问应该是纯粹的、自由的，而不是功利性的、工具性的。

我国已明确提出要建设创新型国家的重大战略决策。建设创新型国家，核心就是把增强自主创新能力作为发展科学技术的战略基点，走出中国特色自主创新道路；把增强自主创新能力作为国家战略，贯穿现代化建设各个方面，激发全民族创新精神，培养高水平创新型人才，形成有利于自主创新的体制和机制。大学也应该把创新作为重要发展战略，培养高水平创新型人才，这既是高等教育的重要使命，也是教育培养人才的根本所在。这是因为一方面大学本身就应该是一个创新的机构，是新的科学技术和新的文化的产生之所；另一方面，人才培养不能离开创新，因为创新是人之本性，人类从来就不是能满足于现状的存在，总是要突破常规，勇于向前，教育理应激发人的这一创新本性。

（二）大学生创新教育是高校创新本质的复归

创新原本就是人的本质属性，创新原本就是教育的内在特质，创新原本就是高校的本质体现。在信息时代，探讨创新教育，研究大学生创新教育，实际上是使教育复归其本质的一种努力。

人的最高价值要体现人的独立精神。只有人的精神自由了，人的创新灵魂才可以突破陈腐偏见的束缚，创新思维才可以纵横驰骋。独立精神包括独立人格、独立思考、独立判断等，其中最基本的是独立人格。唯有自由的精神、独立的精神，创新才会是主动的而不是被动的，是独立的而不是有所依赖的，是真正的人类理智的表现，才能真正履行服务人类社会、推动人类社会发展进步的神圣使命。创新是坚持不懈地开拓科学这个无止境的疆域，取得开拓性的成果，改造社会，推动社会的进步。然而，任何创造性活动都离不开科学理性的指导。培养创新精神，首先要培养尊重事实、尊重真理、尊重客观规律、为真理而献身的科学精神；培养以真理为唯一标准的价值观以及在此基础上形成的追求真理、批判错误、纠正错误的批判精神。大学生创新教育的实质是大学生的自由精神和独立精神的体现，就是崇尚实践、尊重事实、不迷信权威、勇于探索真理、敢于大胆创新、不消极顺应时代，就是以理性和智慧剖析社会、批判社会、构建社会。

高校教育阶段，往往是人的创造力最为旺盛的阶段，人的创造力一旦被开发出来，就会变成巨大的社会财富。高校教育最重要的价值在于培养人的探究兴趣，因为有了探究兴趣，就可能产生创新理念，就容易使人站在科技前沿并发现市场潜力，从而为创新提供巨大动力。要想培养学生的创新精神，高校教学方式就必须做出根本性的改变，就必须改变过去的传授型的教学模式，开展创新教学。

高校教育必须把创新作为基本价值，把创业作为对创新精神的检验，把创新创业精神作为新时代高校教育的灵魂，那么探究兴趣的培养就自然应该成为高校教育的出发点。唯有如此，高校教育才可能从传统的专业培养模式向创新教育转轨。高校要从培养大学生的探究兴趣出发，因为探究的本质在于发现自我发展的潜力，找到自己价值实现的方向，从而确立人生目标和动力。大学生只有具有了自己的奋斗目标，人生才有意义，生活才是充实的。

第二节　大学生创新教育的特征

一、大学生创新教育的主体性和个性

大学生创新教育的主体性是指创新教育行为的主体性特点。由于创新活动依赖主体的外化过程，是由主体这个内因在起作用的，离开了这个内因的作用，任何有利于创新的外因都将失去意义。由此可见，创新教育行为的主体性是外因通过内因而起作用的。创新教育的主体性强调教育要尊重和发展学生的主体意识和主动精神，自觉发展学生以创新为内核的主体性人格，培养和形成学生的健全个性。传统教育习惯使学生消极被动地接受知识，而创新教育则要求学生主动地、

有所舍弃地获取知识，有意识地对来自多方面的信息进行提炼和加工，探索多种可能的和可行的答案或结果。传统教育偏重于使学生通过获得既有的知识和经验来解决已经发生的问题，重视学生的模仿和继承功能，而创新教育提倡学生有目标、有选择地学习，不满足于对现成知识的获取，能创造性地运用所学知识去适应新情况、解决新问题。概括地说大学生创新教育的主体性，一是要唤起大学生的主体意识，为创新行为做好心理上的准备；二是要发挥大学生创新的主体精神，为创新意识转化为创新行为提供不竭的驱动力。总之，大学生创新教育行为的主体性表明，创新活动不是教师强加给学生的，而是源于学生创新的内驱力，教师在此只起到"催化剂"的作用。

个性心理学研究表明，创新与个性的发展息息相关，只有个性得到发展，人的创新能力才能得到最佳发展。创新的本质是与众不同、具有独到之处，而人的个性是个别性、个体性，也是独特性的体现。个性是创新的前提条件，没有鲜明的个性，也就无所谓创新。美国心理学家高夫在研究人的个性与创新性之间的关系时指出："一个人的个性与一个人的创新性成正相关的关系。"美国心理学家特尔曼对800人进行了长达几十年的追踪研究，结果指出："有创造成就者和无创造成就者的差异主要在于其个性特征的不同。"这些研究都表明个性在创新的过程中起着不可估量的作用，创新能力与个性相得益彰，提高创新能力的过程也就是发展个性的过程。因此，实施大学生创新教育是实现大学生个性全面发展的重要途径，大学生创新教育以大学生个性教育为基本立足点，以促进大学生的个性为根本目的，来培养大学生的独特性、创造性。只有通过创新教育，才能不断培养大学生的个性，才能培养出创新型人才，因为创新型人才往往就是那些敢于展示自己个性的"毕加索"。

创新是"我思"的过程，也是"我思"的结果。"我思"就是"自我"对环境的"所予"进行新的组合，从而使主体的个性和独特性在对象上得以显现。所以创新是贯注着人的主体精神的自由自觉的活动。"我思"是一个主动的过程，所以创新是个体主动地追求的结果。由此可见，大学生创新教育应当在两个方面体现出创新的本质要求：一是充分发挥大学生的主体精神。只有具有自我意识的大学生个体才能够在社会生活的各个方面显现出创新的欲望。因为创新从本质上说是主体的自我开拓、自我发展、自我完善。二是培养大学生的独立个性。换一个角度来看，创新就是人的个性与独特性的张扬，是一个人不同于他人的主体精神的对象化与外化。在教育过程中，只有充分调动大学生的主动性和积极性，才能够使大学生的创新行为得以表现。创新教育不是任意地改造学生，而是引导学生主动参与，在自主活动中进行自我完善。因此在创新教育中，应当确立大学生是学习主体的教育观，要把大学生当作一个完整的生命体，而不仅仅是认知主体。教学中，应当把传授知识的过程变为学生探究知识的过程，使学习具有探究性。创新教育应努力促进大学生智商和情商的和谐共融，锤炼完美健全的理想化人格。在传统教育桎梏下，大学生的个性难以充分展现。创新教育则追求人格发展的和谐性与特异性的统一。所谓人格发展的和谐性，就是注重德智体美在学生身心发育中有机渗透，培养其矢志不移的人生信念、坚韧不拔的奋斗意志、锲而不舍的顽强精神、高尚纯洁的道德品质、超尘脱俗的审美理想、宽广渊深的文化素养和敏捷灵巧的生活技能。所谓人格发展的特异性，是指从事未来创造性工作所必备的独特精神品质，主要包括坚持探索、不随波逐流的独立人格，标新立异、破除固有思维定式的批判精神，不拘成见、富于变通的灵活态度，博采众长、海纳百川的宽阔胸怀等。这样，创新教育才能真正使个体"成为太阳底下大写的人"。

二、大学生创新教育的开放性

创新从根本上说是人从新的视角、以新的方式、用新的综合展现出新的理想。在创新教育的过程中，大学生的主体精神力量要得以显现，个性独特性要得以外化，就需要有一个开放的教育。创新教育的开放性就是在教育过程中始终把学生看作不断发展的学习主体，看作一个身心两方面处在不断构建、升华过程中的人；始终把教学过程当作一个动态的、变化的、不断生成新质的过程。开放的教育过程需要创造一个高度自由的思维时间和实践空间，通过学习主体生动活泼、主动的自由活动，使其主体作用得以充分发挥。

学生身心发展的开放性和教学过程的开放性集中体现在教学活动过程中学生的自主性上。学生在课堂上的智力活动包括三个方面。一是不断掌握人类知识的内化过程。二是通过自己的主动活动将已有的个性品质表现出来的外显过程。内化是外显的必要条件，外显行为取决于内化的程度。这里要强调：①科学结论的条件性，即教育者要力求使学生相信任何一种科学结论都是有条件的，一旦条件变化了，结论也会随之而变化。②开放式课堂讨论，即课堂教学应当努力营造学生能积极主动参与教育教学过程，并乐于、敢于表现自己所知、所想、所能的民主氛围，以利于其进行知识的发现、创造和分享。③求异的思维风格，即学生的思维活动应当既表现出一种批判性思维风格，也表现出一种发散性思维风格，前者是对既有的或传统的方式的否定，后者则是个体对新颖性和多样性的追求。三是活动的自由表现，即课堂教学应当为学生提供一个自由活动的空间，为学生展开自由想象、进行创新活动提供良好的条件。

三、大学生创新教育的全覆盖性

教育既能对创新起到推进的作用，同时也具有压抑创造精神的力量。所以大学生创新教育应当具有全面性，应当面向所有大学生，当然关于教育与培养创造性的关系早已有相关论断，例如，联合国教科文组织国际教育发展委员会于1996年提出"教育既有培养创造精神的力量，也有压抑创造精神的力量"，也提出教育的复杂任务之一是"保持一个人的首创精神和创造力量"，当然也不能把人在"真实生活中的需要"抛弃不顾。这些论述都说明了"全覆盖"的可能性和可行性，在这个基础上，定位于全体大学生，而不是仅仅面向个别有创新创业意愿的学生，至少在"知"的"创新思维"层面是现实的。"全覆盖"的理念实际是在强调创新是可以学会的，正如美国现代管理学之父彼得·德鲁克在《卓有成效的管理者》中强调的"卓有成效是可以学会的"一样。创新不是天赋，创新可以学会，也可以被教会，只要遵循教育规律、遵循创新教育规律。

创新教育的全覆盖性即创新教育对象的全体性。它是由知识经济时代教育的基础性地位决定的。知识经济是以现代科学技术为核心，建立在知识的生产、处理、传播和应用基础上的经济，是一种以知识为基础的经济。这里的知识创新在其经济增长上为关键性因素。而知识创新主要依赖高素质创新型人才的创新活动。学校教育就是培养和造就这种高素质创新型人才的摇篮。这种基础性地位的摇篮性质就决定了创新教育必须面向全体学生。因此，必须面向全体学生实施创新教育，真正使全体学生拥有创新精神、创新意识和创新能力。

四、大学生创新教育的全融合性

有学者在"全覆盖"基础上提出了"全融合"的大学生创新教育理念，指出了应遵循什么样的创新教育规律。"全融合"的理念特别强调了两点：一是创新教育与专业教育的深度融合；二是使创新教育贯穿于人才培养各环节。大学生创新教育全融合的教育理念会促使高校教育的各个方面、各种要素都围绕着创新教育进行协调和对话，实现有机融合，达成合力。

五、大学生创新教育的全面性

大学生创新教育的全面性主要指创新教育的内容具有全面性的特点。它是由创新活动的规律和特点决定的。创新教育是建立在素质教育基础上的全面性教育。因此，把创新教育局限于某一课程、某几个或部分学生，是与素质教育目标相悖的。创新教育必须贯穿所有的学科教育，即把创新教育贯穿和渗透到德智体美育之中，并且在教育内容上注重整体的结构性。从整体上说，创新教育要培养学生的创新素质，而创新素质包括创新意识、创新精神、创新动机、创新兴趣、创新人格、创新能力等要素。创新教育在教育内容上要整体安排。

六、大学生创新教育课堂活动的实践性

马克思在《关于费尔巴哈的提纲》中说："人应该在实践中证明自己的思维的真理性，即自己思维的现实性和力量，亦即自己思维的此岸性。"实践是人的存在方式之一。创新教育就是这样，更强调其实践性。其一，只有通过实践，创新的思想才能转化为现实；其二，只有通过不断的实践，人的创新意识和能力才能得到培养；其三，实践为人们的创新提供必要的问题情境，因为任何一种有意识、有目的的行为，都发生于一定的环境之中，都是针对特定的问题。有问题要解决，人们才会千方百计地想办法，以满足自己解决问题的需要，以获得一个体和社会都满意的行动结果。

创新教育体现实践性，关键在于在教育过程中呈现问题情境。人的发现、发明创作、创造是在不断遇到现实问题中产生并形成的。人类的创新史可以验证这一点。

高校要坚持实践育人，认识到大学生创新教育的实施必须以实践为基础，狭义地讲就是要以学生的动手实践能力、调查能力为基础，广义地讲则是"知行合一"的传统和一贯主张。这里可以将"行"理解为"实践"。高校应加强实践，深化实践教学方法改革，将课堂教学与实践教学有机融合，深化自主实践环节改革。另外，高校应面向创新教育，将"知"拓展或扩充为"理论学习"和"创新思维"两个部分，突出"学思结合"的观念。显然，这个"思"实际上就是"反思"。

七、大学生创新教育环境的宽松性

大学生创新教育环境的宽松性是指大学生创新教育必须创设一个有利于大学生创新的宽松环境。创新教育环境的宽松性是由创新型人才成长的规律和特点决定的。有学者指出，文化手段的便利、对文化刺激的开放、对不同观点的容纳、接受不同的甚至对立的文化刺激等几个社会文化创造因素直接影响创新型人才创新力的发展与发挥。创新教育必须有良好的创新环境，创新教育首先要在社会、学校和家庭中创造有利于学生创新意识、创新精神和创新能力培养和发展的宽松环境，营造学习上自由讨论、观点上兼容并蓄、开拓上行为解放、探索上大胆尝试的良好氛围，使创新思想大迸发、创新精神大发扬、创新活力大奔放，为创新型人才脱颖而出创造良好的创新教育环境。

第四章 大学生创新教育的结构与功能

创新教育的结构与功能是大学生创新教育的重点研究内容。创新教育的结构决定创新教育的功能，创新教育的功能也制约和改变着创新教育的结构。创新教育的功能随着创新教育自身的发展而发展。深入探究创新教育的结构与功能，可以推动大学生创新教育的有效开展。本章分为大学生创新教育的结构、大学生创新教育的功能两个部分。

第一节 大学生创新教育的结构

一、大学生创新教育的基本结构

所谓创新教育的结构，是指创新教育的基本要素构成及其相互关系和结合方式。创新教育的结构决定着创新教育的功能，决定着创新教育整体效应的形成和发挥。研究创新教育，不仅需要研究创新教育的各个组成部分，而且需要研究创新教育的系统整体，分析创新教育结构，以便从整体上认识、把握和推进创新教育。创新教育的结构从整体上可以分为两个部分：一是创新教育的核心，即创新型人才的创新能力；二是创新教育的行为取向，即自主性的创新教育行为取向，包括自我创造性学习方法、自学能力、学习的主动性和积极性等，主导性的创新教育行为取向，包括创新教育观念、体制、管理、教学方法、手段以及课程体系等。

从创新教育的基本构成来看，创新教育是一个由主体、客体、介体和环体四个要素构成的系统。主体是指具有创新能力且能从事创新教育的创新教育者；客体是指接受创新教育的对象；介体包括创新教育观念、体制、手段与方法、课程与知识结构、评价等子系统；环体包括创新教育的环境和物质条件。这四个要素最终体现在以人的创新能力培养为核心目标和以实施创新教育行为取向为保证的两个部分之中。

创新教育的基本结构、目标结构与内容结构有着内在联系，其中基本结构对目标结构与内容结构起着基础的决定性作用。如果创新教育基本要素不以一定的方式相互联结和相互作用，就不可能确定创新教育的目标及其结构；如果不确定创新教育的目标结构，也就无法确定创新教育的内容结构。因此，分析创新教育的结构，不仅要分析创新教育的基本结构，而且要分析创新教育的目标结构与内容结构，并把握三者之间的关系。

二、大学生创新教育的目标结构

创新教育的目标是培养社会发展所需要的具有创新素质的创新型人才。它是创新教育活动所要达到的标准和境界的统称，是创新教育行为的预期结果，是从受教育者将要形成的创新素质的角度表明创新教育的作用和认识创新教育活动的价值。所以，我们还可以说创新教育的目标就是对创新教育活动结果的具体要求，对创新教育工作产品的具体规定。

创新教育目标及其结构既是创新教育主体、客体、介体、环体诸要素相互作用的产物，又对创新教育内容的实施起着制约和指导作用。因此，在探讨创新教育基本结构的基础上，必须深入分析和研究创新教育的目标结构。

（一）创新教育目标概述

1. 创新教育目标的主要特征

要想认识创新教育目标，首先要了解它的基本特征。创新教育目标通常具有以下几个基本特征。

（1）导向性

创新教育目标的基本功能是对教育活动起定向和指导作用。其导向性表现在统一教育工作者和社会各界人士对教育活动的认识，明确教育与社会的关系，引导教育与社会协调发展、相互促进。因而其导向性不局限于教育内部，对社会各界也具有约束力。

（2）准则性

创新教育目标明确了大学生创新教育培养人才质量、规格总体规范，达到这些质量规格要求的基本条件，以及人才培养的根本途径和应遵循的基本原则。它是教育工作总体部署及其全过程的依据，具有准则性。

（3）综合性

综合，就是事物之间的有机组合。在科技领域，综合化的趋势越来越明显。

国外学者对 20 世纪的数百项重大科技成果的构成进行过统计分析，发现综合性成果正在逐步取代独创性或单一成果。"综合就是创新"，已成为著名的"创新定律"或"创新法则"。因此，创新教育要培养综合素质好的创新型人才，他们的知识结构、能力结构以及个性品质都不是单维的，而是多维的。现在人们强调绿色教育：科学教育与人文教育的交融；培养"厚基础、宽口径"的综合型人才或复合型人才。从这一目标特征出发，我们也可以认为创新教育是一种综合素质教育。

（4）实践性

创新教育目标的实践性，表明它有别于传统教育模式。在传统文化和传统习俗的影响下，我国传统教育目标往往会忽视对受教育者社会实践能力的培养。创新教育目标的实践性，首先表现在它注重对受教育者实践能力的培养，使之具有陶行知先生所说的"征服自然、改造社会的本领"；其次，它十分强调受教育者社会行动能力的培养，即具有在社会实践中进行交往、公关，从事社会事务和社会活动的能力；最后，它强调受教育者处理社会问题的经验、技巧与技能的掌握和习得，从而能够较好地适应社会生活，从事社会实践活动。从这一目标特征出发，我们可以认为创新教育是一种贴近社会的适应性教育。

2. 创新教育目标的重要功能

创新教育目标具有重要的功能，只要其功能充分发挥作用，就会使创新教育过程沿着正确的方向发展并取得良好的效果。

（1）导向功能

创新教育目标是创新教育实践活动必须达到的标准。科学的创新教育目标会成为创新教育过程的指针，也会成为教育者和受教育者自觉追求创新素质的向导。正确的创新教育目标会使教育者和受教育者在创新过程中避免盲目性、偶发性和随意性，始终如一地有一个明确的前进方向。

（2）选择功能

创新教育目标一经确定，它就成为选择和采用创新教育内容、方法、手段、途径及组织形式等的主要依据。

（3）调控功能

创新教育是有组织、有计划地进行的，只有以创新教育目标作为调控准绳，才能使教育者和受教育者在创新教育过程中准确地把握分寸，提高教育效果。

（4）激励功能

人的思想和行为是具有目的性的，一个科学的具有现实可行性的、适合社会要求和个体需要的创新教育目标，一旦被人们接受，成为个体主动追求的目标，就会有效地激发人们的动机，鼓舞人们自觉能动地为之奋斗。对受教育者如此，对教育者也是如此。

（5）评价功能

创新教育目标是衡量受教育者在创新教育过程中是否达到预期目的的标准，是衡量受教育者在创新教育过程中是否形成了教育者所预期的创新素质的标准。我们说创新教育目标是创新教育活动的出发点和归宿，就是从这个意义上讲的。

3. 创新教育目标构建依据和基本原则

（1）创新教育目标构建依据

创新教育目标构建不能凭主观臆想，而应当根据"目标源"进行科学思考。所谓"目标源"，也就是说，目标设计者是从哪个渠道获得这些目标的，或者说目标的出处。美国著名教育学家拉尔夫·泰勒在其著作《课程与教学的基本原理》中首先提出了这个概念，并认为课程目标一般有三个来源：社会生活的需要、学生的需要和学科专家的建议。泰勒关于课程"目标源"的思想对创新教育"目标源"的思考同样具有参考价值。

无论是社会生活的需要、学生的需要还是科学专家的建议，都应当是时代的产物，即创新教育目标应当具有鲜明的时代特征，适应当今时代变革与发展对教育的新要求。

当今时代，政治、经济、科技、文化之间的联系日益密切，各种社会问题不断产生，人与人之间的合作愈加频繁。教育在将人社会化的过程中，更应注重帮助学生学会"做人"。因此，创新教育应当将学会"做人"的时代理念注入培养目标，造就具有社会责任感、社会道德感、社会进步感的高素质社会化人才。

当今时代，世界各国纷纷由封闭走向开放，从生活方式到思想观念，从文化传统到科学理念，都在不断地打开国门。开放的时代要求人们具有开放的意识、观念和行为，要求具有开放性的主体素质。因此，创新教育的培养目标应有利于造就"面向世界"的开放性新型人才。

当今时代，随着科学技术的迅猛发展，知识更新周期越来越短，市场态势瞬息万变，竞争日趋激烈，国家与国家、民族与民族、企业与企业、个人与个人之间都存在着生存与发展的竞争。竞争是一种实力与智慧的较量，是综合素质的比试。因此，创新教育目标应有利于培养竞争意识、竞争实力和面对变革的适应性。

此外，科学技术的发展趋势也影响着教育目标的取向。在科学技术的发展既高度综合又高度分化的趋势下，创新教育要从狭窄的单科教学与专业教学中走出来，采取"单科教学与综合教学相结合""通识教育与专业教育相结合"的教育模式，在夯实基础、加强能力和提高素质的目标下发展学生的创造力。

（2）创新教育目标构建的基本原则

创新教育目标的构建应当遵循以下六个基本原则。

第一，方向性原则。创新教育目标必须体现办学的社会主义方向，体现党的教育方针，使创新教育目标体系符合培养社会主义事业建设者和接班人的要求。

第二，层次性原则。与其他教育体系一样，创新教育培养目标体系也具有结构层次性。在培养创新精神和创新能力或发展创造力这一教育理念上，所有层次的创新教育都是一样的。在具体落实创新教育思想，通过具体教学过程来推进创新教育时，目标必须明确。

由于不同年龄段的学生的生理和心理教育基础存在差异，创新教育目标是有区别的。认识这种区别有极其重要的作用：其一，有利于有针对性地开展创新教育教学活动，符合教育循序渐进的规律；其二，有利于解决不同教育阶段创新教育的合理衔接问题，达到优化教育全过程的效果。

创新教育培养目标的层次性构建，应以教育心理学与创造性心理学关于儿童和青少年心智发展的理论为指导，以不同阶段学科或专业课程教学计划为依据，以教学要求的清晰性、连续性、可操作性、可把握性和可评价性为基本要求。

在技术层面上，学校应先根据自身的层次定位和办学的指导思想，确定创新教育的总目标，然后将其纵向或横向地分解，形成纵向和横向目标体系。这种层次性的定位有利于将抽象的教育理念转化为具体的教育规范或教学基本要求。

第三，柔性原则。现代教育强调以人为本，要注重受教育者与个体发展需要。为了适应不同年龄、不同知识背景、不同爱好和个性的受教育者成为创新型人才的需要，创新教育培养目标也应增加柔性，减少刚性，即在统一要求、统一规格的创新教育培养目标中能体现个体发展的目标，体现同一目标下的不同类别和水平要求的差异。如在发展创造性思维方面，我们可以提出统一的要求和规格，但并不要求受教育者人人都要达到同一思维水平。在评价指标体系中，可以采取分级分档的办法，以适应不同的教育对象。有的学校根据因材施教或个性化教学要求来设计创新教育方案，这是实现培养目标非刚性的好方式。

第四，清晰性原则。构建的创新教育目标必须清晰明确，一目了然。如培养目标应明确培养方向、人才规格及基本要求等。目标的清晰性还应考虑教育评价的要求。如果一个目标在表述上不能使人们拥有一种对该项目标是否达到做出评估的手段，那么在实施创新教育之后便无法检验这个目标是不是已经达到，也无法对创新教育教学过程进行监控、检查和指导。

第五，科学性原则。构建创新教育目标，在内容上要符合青少年身心发展的规律，符合社会对人的创新素质的基本要求，在结构上要合理、完整，不能片面地强调某一方面而忽视其他方面。科学的创新教育目标应当注重社会需要、教育规律以及教育对象实际等方面的紧密结合。

第六，发展性原则。创新教育目标既要符合现实社会对人的创新素质要求，又要适应社会发展对人的创新素质的新要求，有利于青少年在此基础上不断地发展。值得指出的是，任何教育目标的构建都不可能至善至美，也不可能毕其功于一役。随着创新教育的深入发展、国家教育改革形势的发展变化，创新教育目标也要进行相应的发展。因此，我们要及时地审视已确定的创新教育目标体系，并且对其不断地进行调整和优化。

（二）创新教育目标层次结构

创新教育目标具有不同的层次，不同层次的目标形成了一定的关系及结构，即目标层次结构。

1. 从不同的维度来看

从创新教育实践的层面看，只确定其总目标是不够的。过于笼统和模糊的目标，不利于分层指导与管理。因为不同层次、不同类型的大学所培养的创新型人才在方向、规格和要求上是有差异的。为此，尚需对创新教育总目标进行纵横向分解，以构建对大学生创新教育实践有指导作用的目标体系。

（1）横向目标

横向目标是一个比较抽象、广泛的概念，它是建立在一般的教育目标基础之上的。大学生创新教育目标作为整个教育目标的一个子目标，具有通用性的教育目标是构建大学生创新教育目标的理论依据。在创新教育目标体系的建构过程中，我们必须以大学生创新教育的目标即培养和造就创新能力和丰富个性的高素质人才为基点，重点放在培养人才的创新素质上。也就是说，大学生创新教育的横向目标主要是一种通识性的创新素质要求。它可以由创新知识维、创新智能维和创新人格维等方面的目标组成。

（2）纵向目标

教育是一种有序的活动，大学人才培养目标取决于社会发展和人自身发展的需要，又直接受学校性质、发展方向、内部结构、办学条件等因素的约束。不同学校因所处地位、条件的不同，往往有不同的创新教育目标。我们可以将创新教育总目标沿创新水平方向进行纵向分解，从而得到不同能级定位的大学生创新教育目标体系。

具体来讲，可以将大学生创新教育目标按培养的创新型人才的水平分为三个层次，其中较低水平的为模仿型创新型人才，对其基本要求是能举一反三，触类旁通，能够带着问题进行模仿创新。在欠发达国家与地区，很需要这类人才在引进先进技术并尽快使之本土化方面发挥创新作用。以教学为主的教学型大学在设计创新教育目标时，可以着重考虑模仿型创新型人才的培养。

中等水平的是综合型创新型人才。这类人才除了能模仿创新外，还具有综合运用学科知识创造性解决问题的能力，或者能解决多变量的综合问题的能力。对教学科研型大学来说，在开展创新教育时可重点锁住综合型创新型人才的培养目标。

对研究型大学而言，其创新教育应当在培养具有开创能力的创新型人才方面做出较大的贡献。所谓开创型创新型人才，是指能在未知领域进行科学探索并能获得具有知识产权的创新成果的人才。

2. 从大学的不同阶段来看

（1）专科阶段的创新教育目标

专科教育有自己独特的风格、鲜明的办学特色和独具特色的个性化目标。专科阶段的创新教育目标，可以根据专科教育要求与大学生创新教育目标的一般要求来确定。一般来说，专科创新教育主要培养能把所学的知识转化为技能，能在某一领域模仿性地解决技术应用问题，踏入高等技术应用领域的高级专门人才。这类专门人才不仅要有大学毕业生必须具备的共性素质（人际交往能力、社会道德情感、协作精神、身体素质、审美素质等），而且要在掌握本门学科的基本知识和理论的基础上有一定的创新实践能力，能举一反三，触类旁通，能够带着问题进行模仿创新。

（2）本科阶段的创新教育目标

本科阶段的创新教育目标，可以根据本科教育要求与大学生创新教育目标的一般要求来确定。一般来讲，本科阶段的创新教育需要同时达成五大类目标：

①培养大学生对自己身心特质的了解；②培养大学生求取新知的方法与能力；③培养大学生适应个人生活所需要的较高品质的能力、情操及行为；④培养大学生适应社会生活所需要的较高品质的能力、情操及行为；⑤培养大学生关怀全世界、全人类所需的较高品质的能力、情操及行为。

各校在制定本科阶段的创新教育目标或基本要求时，必须体现本科的教育教学要求，在此基础上使本科学生除了能模仿创新外，还具有综合运用学科知识创造性解决问题的能力，或者能解决多变量的综合问题的能力，成为具有创新精神与实践能力的高级专门人才。

（3）研究生阶段的创新教育目标

结合大学生创新教育的要求，可以发现，在研究生培养目标上应有如下要求。

在知识方面，随着现代科学技术的加速发展，知识成倍增长，新学科不断涌现，特别是现代科学高度分化和高度综合而呈现出以高度综合为主的整体化趋势，要着重培养研究生获取知识的能力，除了掌握本学科的坚实的基础理论和系统的专门知识外，还应掌握相关学科的知识和理论，掌握必要的自然科学和人文科学知识（文科生要掌握必要的自然科学知识），以提高研究生对人类文明的认识，增强社会意识和对社会的责任感。

在能力方面，要强调研究生创造能力、自我控制能力的养成，人际交往能力的提高。

在素质方面，要培养研究生的综合素质，特别是要注重科学精神的培养。科学精神是指科学主体在从事科学活动的过程中所遵循的精神价值与道德规范。研究生的科学精神，究其本质，是一种科学的治学态度和品性、科学研究的方法和能力，它至少包括以下具体要素：严谨务实、勇于求真、甘于寂寞的精神；海纳百川、兼容并包、虚怀若谷的精神；不相信教条、不盲从权威、勇于批判质疑的态度；孜孜以求、不断进取、勇于创新的品格。

研究生阶段的创新教育目标，可以根据研究生教育要求与大学生创新教育目标的一般要求来确定。

三、大学生创新教育的内容结构

创新教育的目标结构与创新教育的内容结构有着内在联系。创新教育的目标结构决定创新教育的内容结构，创新教育的内容结构实现创新教育的目标结构。因此，在分析了创新教育的目标结构后，还需要深入探讨创新教育的内容结构。

（一）创新教育内容概述

1.创新教育的主要内容

大学生创新教育的内容具体表现在以下几个方面。

（1）培养创新意识，激发创新激情

创新教育需要以创新情感为动力，如远大的理想、坚强的信念、诚挚的热情以及强烈的创新激情等。在智力和创新情感双重因素的作用下，人们的创新才能获得综合效应的能量。因此，培养创新意识是创造创新环境的一项基础内容。假如一个人没有强烈的创新意识和创新观念，就不能只争朝夕、捷足先登，不能抓住良机、开拓进取，更不可能有所发现、有所发明、有所创造、有所前进。所谓创新意识就是学生具备推崇创新、追求创新、以创新为荣的观念和意识。没有愿望、没有激情，即使有创新的机会，也很可能会失之交臂。创新意识是人们进行创造活动的出发点和内在动力，是创新思维和创新能力的前提。创造相应的环境，注重对学生的创新潜能的早期开发，就是要诱发学生的某种创新动机，挖掘创新意识，使他们从小树立创新目标，从而充分发挥创新潜力和聪明才智。

（2）更新学校教学内容和课程体系，加强创新体验和创新实践

在教学过程中，应让学生主动参与教学活动，体验创新的喜悦。学生在动手中得到创新激励，从而更加乐于参与创新实践活动，如此就能形成良性循环。这里的创新体验是指直接的体验，主要包括以下几个方面：首先，培养想象力。创新型人才需要丰富的想象力，想象是创新的重要因素。比尔·盖茨在六年级经济学特别班上准备的经营报告，使其在这个领域的丰富想象力得到了充分的展现。这种想象力超出了我们视为常规的教育教学内容，超越了通常意义上的与年龄相适应的目标要求，他的经营佳作得到了学校的鼓励，而这恰恰是少年盖茨所获得的意义非同寻常的创新体验：不仅是大胆想象，而且是超前设计。其次，在动手中得到创新激励。盖茨真正敲响第一声计算机键盘，是在数学教师的鼓励下进行的，教师让他试着在键盘上输入几条指令并很快得到了结果，他由此得到了前所未有的兴奋和满足。在动手中得到的创新激励，尤其是自我激励，是创新活动的重要力量源泉、情感动力。由此可见，在创新实践中，鼓励学生去"试一试"，让其在"试一试"的过程中得到激励是十分重要的环节，这也是所有教育工作者必须具有的重要理念。

创新实践能力是创新能力的重要体现之一。创新型人才不仅需要具有强烈的创新意识与精神，同时需要具有创业的精神与能力。如果创新精神不能转化为创

业能力，那么创新也就不能成为经济社会发展的真正动力。盖茨后来之所以能成为创业巨子，与他在中学阶段所从事的创新实践活动是分不开的。创新教育下的创新实践能力的提高，主要依靠开设创新课程。那么，如何开设创新课程呢？一般来讲，必须遵循创新型人才成长及培养的规律，必须充分考虑到不同阶段教育教学的特点，在内容和方式等方面精心设计，使之丰富多彩，各具特色，并注重实效。例如，在高等教育阶段，可侧重于通过创新课程的开设培养学生创新的兴趣、乐趣。许多教师的教学活动在这一方面获得了不同程度的经验，一堂以创新为主题的美术课，使学生在创新的世界里充分展开想象的翅膀；一系列的小发明活动，使学生在动脑与动手的统一实践中感受到创新的乐趣；制作多媒体教学课件时，友好的人机交互界面、生动的视频图像使学生感受到创新的喜悦；等等。在高等教育中，创新课程的形式还应当更加灵活，内容还应当更加具体。开设狭义的创新课程，进行创新原理的教育教学、创新思维的训练、创新案例的分析等，为学生创新实践能力的提高奠定理论和知识基础。开设广义的创新课程，让高校学生直接参与前沿课题的研究，直接参与重大的技术发明，直接参与为经济社会发展服务的重大工程以及项目的设计与研究、咨询，同时应创造宽松的环境，如弹性学制，让学生直接进行创新活动等。

（3）在学校教学中着重训练学生创新思维的技能、技法

1941年，现代创新学的奠基人、美国学者奥斯本发明了世界上第一种创新性思维技法——智力激励法。多年来，人们在实践过程中又创新了三百多种创新性思维的技能技法。创新性思维技法主要有三类：扩散发现技法、综合集中技法和创新意识培养技法。扩散发现技法是利用扩散思维来提出各种创新性设想的技法，包括智力激励法、联想法、类比法、分析借鉴法、触类旁通法。综合集中技法是通过收集大量信息，对各种创新性设想进行分析、整理，最后根据价值观进行集中思维，找出最佳方案。这类技法包括检核表法、综合技法、技术开发法、预测技法、缺点列举法、希望法、6W检讨法、情报整理法、举偶法等。创新意识培养技法是通过培养人们集中注意力，诱发创新性思维萌芽的一种前期创新技法，包括想象构思法、变化改变法、思维革新法等。

首先必须将创新思维的训练引入各门学科及课堂教学，并使之成为教学改革的重要内容。例如，根据创新型人才培养的要求，语文学科已不仅仅是传统意义上的工具学科，应是一门培育创新思维的基础学科。语文教学不应仅仅拘泥于文字的考证、词语和语法的分析，而应着力于语言运用能力、人文素质的培养，尤其应注重对创新思维能力的开发。因此，语文学科要充分发挥学科优势，让学生

展开联想和想象的翅膀，激发创造的欲望，使语文学科成为培养创新型人才的一方沃土。因此，语文课堂是创新思维训练和创新能力培养的重要阵地。学生正是在广泛的作品阅读中汲取知识，认识社会，感受生活；在写作训练中抒发情怀，感悟人生，萌发创见。语文课堂应给学生以无限的空间，让畅想的思维自由飞翔。每节语文课都应有真情的交融、心潮的激荡、灵感的爆发。和语文学科一样，各门学科的教学都应该流淌着创新精神的活水，高扬创新教育的主旋律，直接孕育创新思维的诸多品质，在创新思维能力的开发中发挥各自的独特作用。

创新思维的孕育、形成、训练又是伴随着审美活动进行的，自由和创造正是审美活动的本质。因此，审美教育对创新思维能力的开发具有十分重要的意义。从一定意义上讲，艺术素养直接决定着未来创新型人才的整体素质，审美能力也直接决定着人们创造的能力。当代思维科学、脑科学的最新研究成果，有力地证明了艺术（审美）教育对创新思维能力的开发的独特作用。审美教育虽然是各门学科的共同任务，但立足于创新型人才培养的目标要求，必须设置独立的审美教育课程即广义的艺术课程。而且必须从教育的最基础的层次开始，让学生在美妙的音乐场中产生灵感，在美的创作过程中产生丰富的想象，激发创造的欲望和激情。这是创新教育内在的紧迫要求。

2. 创新教育内容构建的基本原则

在创新教育活动系统中，教育内容是系统有效运行的基本要素之一，是连接教育主体与教育客体之间的纽带，也可以说是实施创新教育的核心问题。一般认为，创新教育内容是指满足创新教育价值观和培养目标的知识、技能、价值观念和行为，它往往以创新型人才培养计划为基本载体。

教育内容的确定是个复杂的问题，新兴的创新教育科学地、系统地确定自己的教育内容，更是一件不容易的事。一般来说，在考虑创新教育内容时，应遵循以下基本原则。

第一，满足社会发展需求原则。教育是推动社会前进的工具，其最终目标是培养适应社会需要并能推动社会进步的人才。创新教育以造就创新型人才、服务创新时代为己任。现阶段我国的创新实践主要体现在改革开放、建立社会主义市场经济体制、建设国家创新体系等方面，我国的创新教育应注意贴近生活、贴近现实。

第二，满足个人生存发展需求原则。现代教育越来越关注人的生存发展，注重个人品质的形成和个人潜在才能的发挥。创新教育不仅要考虑社会本位的价值观，也要考虑个人本位的价值观。长期以来，我们的教育片面强调社会本位而抑制了个人本位，这是不利于创造性个性的发展和创新型人才冒尖的。满足个人生存发展需求的创新教育，是一种注重个人智力与非智力协调发展、"学会生存、学会创造、学会关心"的全面发展教育，是鼓励创新型人才冒尖的成功教育。

（二）创新教育内容结构的优化

创新教育内容结构状况不同，创新教育内容实施的效果也不同。为了科学实施创新教育内容，有效实现创新教育目标，发挥创新教育最佳功能，必须不断优化创新教育内容结构。

1. 突出创新思维教育核心内容

创新教育内容虽然很丰富，但诸创新教育内容的地位与作用并不是平行的。在创新教育内容体系中，创新思维教育始终居于主导地位，决定和支配着创新教育的其他内容，也决定着整个创新教育的效果。因此，在实施创新教育内容时，必须始终坚持以创新思维教育为核心。

坚持以创新思维教育为核心，才能体现创新教育的本质，突出创新教育的主题，提高创新教育的层次，带动和促进其他各项创新教育内容的实施；才能培养一批又一批有理想、有道德、有文化、有纪律的社会主义创新型人才，提高中华民族的创新能力，增强民族整体创新能力。因此，在创新教育中，要始终坚持以创新思维教育为核心。只有这样，才能使创新教育内容体系主次分明、结构合理，增强创新教育的影响力。

2. 实现创新教育内容更新

优化创新教育内容结构的另一个重要方面，就是要不断更新创新教育的内容，实现创新教育内容结构的升级。

时代在发展，社会在进步，人的创新能力在提高，反映社会创新和人的创新能力发展需要的创新教育内容也要不断地更新。从创新思维教育的内容来看，在知识经济时代，知识日新月异，创新思维教育主要是教育和帮助学生掌握科学的创新思维方法，培养学生多种思维方式的综合有机统一。从创新人格化能力教育的内容来看，随着知识经济的发展和经济全球化进程的加快，需要大力加强创新意识教育，培养学生的创新动机，同时需要加强创新个性特质教育，挖掘学生的创新潜能，从而使学生更好地适应知识经济发展和经济全球化的需要。从创新技能教育的内容来看，要着力培养学生的与社会主义市场经济相适应的创新实践能力，不但要培养学生在创新过程中的实际动手能力和操作能力，而且要培养学生的创新公关能力。从优化创新教育的内容层次来看，学校开展的各种形式的创新教育可以从培养学生再次发现知识的能力及其探索精神着手，再进一步培养学生重新组合知识的能力，最后培养学生准备首创前所未有事物的创造意识和创新能力。

总之，只有坚持一切从实际出发，不断充实和更新创新教育内容，创新教育内容结构才能在更高的层次上得到优化，创新教育的作用也才能得到进一步发挥。

第二节　大学生创新教育的功能

一、大学生创新教育功能的概念

（一）教育功能的概念

通常来讲，教育活动对个体发展和社会发展产生的各种实际的影响和作用，就是教育的功能。教育对受教育者的身心发展所起的作用和影响，产生了教育对个体的功能。人生活在社会中，不可能孤立存在，一个人从出生到死亡，无时无刻不在接受教育，受各种教育的影响。作为社会的一个子系统，教育通过培养的人参与到社会生活中，影响社会的存在和发展，便产生了教育对社会的功能。这里的作用和影响是指能促进人和社会发展的积极的作用和影响。

教育的功能就是"使人向善"，就是通过把一定社会的文化传递给该社会的每一位社会成员，使社会成员在各方面得到发展；能够进入社会，并最终有力地促进社会的发展。教育的本质是文化的传递，人在经过教育以后，首先能够掌握个人成为社会成员所必需的社会生活、学习技能，其次能够接受和认同一定社会的文化价值观念与社会行为规范，并学会认同身份和每一场合下自己的角色，能够自觉地按照社会角色所规定的行为规范去办事，那么就实现了教育的功能，即"以文化人"。教育的功能就是把一定的外在内容内化为受教育者自己的思想、才能，同时又将他们的思想、才能外化为实践活动，并引导受教育者不断提升。

就人生阶段而言，人在幼儿阶段接受家庭教育，从家庭中感悟到了亲情，学会了百善孝为先、要尊老爱幼等；人在青少年阶段主要接受学校教育，由于学校教育传播的是社会中的主流文化和价值观念，所以人在接受大量知识的同时，能够形成相对完整的思想观念体系，能够认可并自觉维护现存社会的种种关系；人在成年阶段以接受社会教育为主,主要从一定的社会关系中获得各种各样的社会活动经验。

(二)创新教育功能的概念

创新教育功能指的是创新教育在与人及周围环境相互影响中所发挥的作用。它往往指创新教育活动已经产生或者将会产生的结果,尤其是指创新教育活动所引起的变化、产生的作用。创新教育功能不仅包括对创新教育系统内部各方面的影响,而且包括对外部其他系统的影响;既包括直接影响,又包括间接影响;既可以指对人的创新能力发展和人类社会创新有益的结果和作用,也可以包括对人的创新能力发展和人类社会创新不利甚至有害的结果和影响。因此,创新教育功能实质上是指创新教育活动的结果和作用(包括正效应和负效应)。

二、大学生创新教育的内功能与外功能

(一)大学生创新教育的内功能

创新教育的内功能是指通过创新教育对创新教育受动者、创新教育者个体发展所起的作用。同时,创新教育受动者和创新教育者自身的特点及素质又制约着创新教育活动的开展。

第一,创新教育通过确定一定历史阶段上的创新型人才应具有的创新能力培养目标,使之成为创新教育受动者发展自身创新能力的动力,明确了创新型人才培养的根本方向,激励创新教育受动者朝着创新能力内在整合发展而努力奋斗,不断地更新创新教育受动者的素质观念,使其学会创造性地学习,提高创新教育受动者对创新的认识水平,从而使其在现实社会中能够创造性地工作、学习,不断地提高自己的创新能力;同时创新教育者通过创新教育的实践,也能够改变创新教育教学观念、体制、方式、手段,从而提高自身的创新能力。无论是创新教育者还是创新教育受动者,其身心特点及创新能力又反过来影响制约着创新教育活动的开展。

第二,创新教育行为取向选择,包括创新教育者和创新教育受动者对创新教育介体的科学选择和对创新教育环体的合理开发利用,既能积极地促进创新教育发展,使创新教育科学化、规范化,又有利于创新型人才的创新能力的整合培养,不断地培养知识经济时代所需要的具有创新能力的创新型人才。

第三,创新教育主体性的"主客体双向互动"创新教育模式结构也能够促进主客体共同提高和共同发展而达到促进创新教育发展的目的。因为创新教育主体

的主导作用和客体的主动作用相互结合,教学相长,既可以促进主体的创新教育教学不断创新,又可以促进客体的学习不断创新,从而共同促进创新教育的发展。

(二)大学生创新教育的外功能

创新教育的外功能是指创新教育通过影响人的创新能力提升和发展,广泛开展社会政治、经济和文化全面创新,进而对促进社会全面发展全方位地产生作用。

第一,创新教育能够促进社会经济不断创新。创新是现代经济发展的最大推动力,是实施可持续发展的基石。知识经济、信息经济、市场经济最根本的特征就在于创新。只有不断地创新才能赢得现代经济的主动权和制导权,而创新的关键在于不断地培养创新型人才,创新型人才的培养要靠创新教育,因而创新教育是通过培养创新型人才的内在整合发展的创新能力来促进社会经济创新与发展的,包括经济结构与体制创新等。提高社会成员的创新意识、创新能力,特别是知识创新能力和技术创新能力,使创新教育与经济和科技创新密切结合,能加快实现经济增长方式和经济体制的根本转变。

第二,创新教育能够促进社会科技不断创新。科技革命深刻地影响着现代社会,同时也将继续深刻地影响着未来社会。从"科技是第一生产力"的观点来看,现代科学技术的迅猛发展,首先是促进现代社会的迅猛发展,同时也有力地促进现代社会各种领域和各种层面的变化。科技革命为何能如此持续推进?关键在于创新教育的贡献。首先,创新教育是科技创新得以应用的手段,创新教育对创新知识和创新技术的传播、推广,使之由潜在生产力变为现实生产力,从而推动科技创新及其应用,进而促进生产力的发展。其次,创新教育是促进科技创新与发展的手段,现代科技创新和科技发展与现代创新教育发展是相互促进的。不只是有科技创新才有创新教育的发展,而且是有创新教育才有科技创新与科技发展。

第三,创新教育能够促进社会文化教育不断创新。社会文化总是处于不断发展的过程中,要发展就意味着要有创新。没有文化的创新自然也无真实意义上的文化发展。而文化之创新需要通过创新教育来实现。一方面,创新教育对传统文化的"古为今用""推陈出新"就是文化更新的过程;另一方面,现代社会的急剧变化,科技的迅猛发展,必然要求创新教育突破原有的文化范畴,实现对文化的创造、拓展与创新。只有不断地培养创新型人才的内在整合发展的创新能力,才能真正提高社会文化的创新能力,并推动整个社会的文化创新与发展。创新教育能够促进教育整体发展。创新教育以发掘人的创新潜能、弘扬人的主体精神、促进人的个性和谐发展为宗旨,通过对传统教育的扬弃,探索和构建一种新的教育理论与模式，并使之逐渐丰富和完善。它以创新作为核心目标，包括创新能力和创新教育行为取向，会牵涉到创新教育的许多方面。因此，创新教育探索与实践将会有力地推动教育改革深化，更好地促进教育整体发展。

第四，创新教育能够促进社会政治不断创新。社会政治的变革与创新从根本上来说取决于社会经济基础的发展与创新，取决于生产力的发展与创新，而人是生产力中最活跃的因素，创新教育正是通过培养社会所需要的创新型人才，发挥创新型人才的创新能力，适时地根据生产力发展的状况，不断地推进理论创新和相应的政治体制创新，甚至是政治制度创新，从而推动整个社会政治的发展与创新。历史上的事实表明：人民群众是社会政治变革的主体和力量源泉。尊重劳动、尊重创造、尊重人才、尊重知识，归根到底就是尊重人民群众的首创精神和创造能力。党的"一个中心、两个基本点"的基本路线就是以邓小平同志为核心的党的第二代中央领导集体根据人民群众的改革实践和首创精神逐步总结和形成的。

第五章 世界著名大学创新教育经验

　　相对于世界著名大学的创新教育，我国的创新教育起步较晚，经验不足，导致大学生的创新思维能力较弱，创新精神不足。因此，分析和借鉴世界著名大学的创新教育经验，可以为我国高校的创新教育提供借鉴与思考，探索符合适合我国高校创新教育发展的体制机制，切实提高大学生的创新思维能力。本章分为哈佛大学的创新教育经验、耶鲁大学的创新教育经验、牛津大学的创新教育经验三个部分。

第一节 哈佛大学的创新教育经验

　　哈佛大学始建于1636年，是全美最古老的大学之一，不论是学校的名气、设备、教授阵容方面，还是学生素质方面，都堪称世界一流。哈佛大学是一所综合性、研究型的私立大学，具有世界一流的学术水平和教育质量，是闻名世界的名牌大学之一。

　　哈佛大学是美国高等教育的成功典范，培养出了大批具有远见卓识和创新开拓精神的人才。哈佛大学对学生创造能力的培养，堪称世界高等教育的奇迹。380多年来，哈佛大学人才辈出，明星闪烁，从中毕业的有8位美国总统、数百位诺贝尔奖、普利策奖获得者；哈佛大学毕业生在激烈的竞争中表现非凡，在美国500强企业财团中有2/3的经理是哈佛毕业生；哈佛大学的博士毕业生是美国大学招聘教授的第一人选。在《美国新闻与世界报道》的每年大学排行榜上，哈佛总是名列前茅，多数为榜首。

一、哈佛大学的创新教育概述

（一）办学理念

　　哈佛大学之所以能够成为美国高等学校中的成功典范，培养出一大批为人类创造物质财富且有远见卓识、创新开拓精神的人，根本原因在于它独特的办学理念。早在1643年，当时还只是哈佛学院的哈佛就明确提出了自己的生存宗旨：促进学术，使之永恒，造福子孙。哈佛大学的培养目标虽然没有明文规定，但在哈佛校园内早已心照不宣：注重培养政治领袖和学术领袖。哈佛大学创建的宗旨也可以从其校徽和校训中得到体现。由哈佛学院时代沿用至今的哈佛大学校徽上面，用拉丁文写着"VERITAS"字样，汉语的意思就是"真理"。人们广为熟知的哈佛大学校训的原文也是用拉丁文写的，汉语的意思是"与柏拉图为友，与亚里士多德为友，更要与真理为友"。哈佛大学的校徽和校训，都昭示着该校以求是崇真为办学宗旨，始终明确追求教育的真正价值。不断修订教育思想，追求更真、更优的教育目的，一直是每任哈佛大学校长和管理人员的努力目标。在追求真理的理念指引下，形成了崇尚自由竞争和个人奋斗，崇尚冒险和创业的风气。哈佛大学崇尚对事业的追求与高度负责的工作态度，强调生活的富有应来自勤奋与努力，强调个人的智慧、毅力、能力和自信心是事业成功的关键因素，注意理性分析，讲求实际和办事成效。

虽然哈佛大学每任校长的教育主张不尽相同，但哈佛大学却能长期追求教育的真正目的和价值。1869—1909年担任了40年哈佛大学校长的艾略特指出："大学是教师的集合体，是知识的仓库，是真理的寻求者。"1909—1933年出任哈佛大学校长的洛厄尔指出："学生一代接着一代，如同海水一浪接着一浪冲击着陆地——我们的学校已经可以用世纪来计算，但只要她热切地追求着青春和知识，她就永远不会衰老。随着时代的变迁，为达到目的使用的方法可能会变化，但目的本身是永远不变的。"1933—1953年出任哈佛大学校长的科南特指出："如果我们试图用一句话来概括高等教育的目标的话，那么最好的概括就是真理。"可见，哈佛大学作为美国第一大学，坚持真理，不随波逐流，始终有自己的学术和教育特色与传统，成为学术研究的殿堂、追求真理的圣地，这也是它几百年来傲立群雄的一件制胜法宝。

（二）培养目标

美国哈佛大学荣誉校长陆登庭认为，哈佛大学是一个"把世界各地卓越优异的天才们汇集于此，让他们从已知的世界出发去研究和探索未知的世界，从而可以实现他们的最高理想"的不寻常的社区。陆登庭指出，面向21世纪最好的教育就是培养创造性的人才，让人类勇于思索问题，有自己坚持的梦想，这才是哈佛大学的培养目标。

哈佛大学也在使命陈述中主张学校应该鼓励学生进行思想的自由表达，对问题进行批判性的思考，勇于承担个人行动的后果。另外，哈佛大学创造条件让学生发现自己的兴趣和特长，以便能使其自身的潜能得到最大限度的发掘。同时它认为学生应该养成终身学习的好习惯，并期望学生形成可以依靠的信念，这样在以后的学习生活中可以更好地发展自己，从而更好地服务社会。

（三）课程结构

哈佛大学的教育是多元和变化的，其最具特色的通识教育的最初开设，是为了弥补研究的专业化与全面教育之间的鸿沟，目的是让教师和学生在日益专业化的压力之下共同思考社会、生活中存在的一些问题。

哈佛大学重视培养学生在专业教育领域的创造力，同时把培养有远见、有理想、善于思考的优秀领导人才作为自己的育人目标。300多年来，哈佛大学的课程结构历经改革，随着社会发展而与时俱进。其课程结构具体分为三大部分：专业课、核心课和选修课。

哈佛大学最具特色的课程隶属于通识教育。这些特色课主要包括历史、科学、艺术、文化、伦理和社会分析等学术领域的内容，旨在帮助学生学会发现和甄别真相，可以理性地看待道德问题，对事物的判断具有严谨性，对所遇到的各种现实问题能够进行最深刻的理解分析。

除此之外，哈佛大学的核心课程设置亦不同于其他高校。哈佛大学的核心课程设置主要是为了培养学生在以后学习和生活的过程中快速有效地获取实用信息，其对学生在校期间所学知识的内容和范围方面并没有提出明确的要求。在其核心课程的学习领域，虽然课程内容大都是不相同的，但都强调对创造思维的培养，以此来训练学生的思辨能力，这也是哈佛大学教育成功的关键以及培养众多卓越人才的经验精髓。

（四）实践环节

哈佛大学十分重视教学实践，其创立的案例教学法独具标志性意义。案例教学法使上课过程变得形象具体，有利于学生消化吸收教学内容。它主要倡导"亲验式"教学，把真实情境加以处理，构建成可供学生判断分析的典型化范例，通过彼此讨论等方法，增强学生分析、解决问题的能力。

有关调查显示，哈佛大学供教学科研使用的案例约有 50000 个，其中大部分案例都是以真实的企业经济背景为基础的。案例教学法试图置学生于一个真实的经营者的位置上，这样学生就可以在实战里学习究竟什么是经营和怎么样去经营。哈佛大学有着严格的打分制度，学生在课堂教学中的发言占最后总成绩的25%，有时甚至高达50%。所以学生为了抢到发言的机会，往往针锋相对。但是发言的质量对成绩的高低影响更大，学生需要做充分的准备。学生要想真正取得好分数，在课外做的准备非常重要。譬如，学生每次都要读完几个实例，而且要做出详尽的分析札记。如果学生想充分准备好一个案例，需要投入更多的精力和时间。

值得注意的是，哈佛大学的教师和学生并不注重在课堂讨论中能否得到问题的标准答案，他们更为看重的是通过思考得出结论的过程。这种教学法不注重结果，而是期望学生在分析问题的过程中能够增强自信，充分表现自己，从而使自身的创造思维得到发展。哈佛大学的案例教学法旨在培养具有独立思考能力并且具有创新思维的高素质人才，它也是一个对学生不断进行"加压"的学习机制。

（五）科研与教学相结合

自科学研究成为大学的基本职能之一开始，科研对大学的重要性与日俱增。教师教学的好坏已不再是评判教师的决定因素，取而代之的是科学研究能力。前哈佛大学校长科南特就曾谈到青年教师教书再好，也不能保证他们能够晋级，因为学术成就、研究成果和发表作品成为衡量教师成绩的一个中心标准。"不出版就死亡"的例子有很多，例如，在1998年，美国国际关系学专业的知名权威，曾于1995年获美国政治科学协会历史和政治最优秀论文奖，并在1996年获宾夕法尼亚大学林德贝克杰出教学奖的该校教授丹尼尔·迪德尼，因在7年的任期内没有独自出版有水平的学术著作被宾夕法尼亚大学拒聘。哈佛大学之所以重视教师的科研能力，主要有以下几个原因。

第一，对知识的探究是大学的使命使然，而且宽松的学术氛围、充足的设备和资料为科研提供了非常好的资源。第二，科研本身就是一个效率很高和非常有力的教学形式，将科研和教学结合并最终整合正是大学的教学过程。第三，融入科研并让学生参与其中的教学过程，是培养学生的创造力和培养一流人才的基本方法。第四，大学的教授或教师的任务不仅仅是知识的传授，还应该负担起生产新知识并把新知识传授给学生的任务。没有参与知识创造和发现过程的人是不能胜任大学教学的，只有真正的研究者才能做好教师。总之，能达到培养创新型人才的教学一定是建立在科学研究基础上的。

二、哈佛大学的创新教育对我国高校教育的启示

（一）完善现代大学制度建设，促进治理体系和治理能力现代化

2010年，《国家中长期教育改革和发展规划纲要（2010—2020年）》提出要完善具有中国特色的现代大学制度；2011年，国务院、教育部先后提出改革高等学校管理方式，制定大学章程，完善现代大学制度建设。因此，在新的历史时期，我国高校应不断完善现代大学制度建设，坚持在政府的宏观调控下，面向社会依法自主办学，加强大学民主管理，调动广大师生与社会力量等利益共同体积极参与学校管理，增强学校对重大事务的决策和重大风险的调节管控能力，逐渐构建起包括政府、大学、社会多元共治的现代大学制度，促进大学治理体系与治理能力的现代化。

（二）加强专业建设，加速创新教育体系构建

专业建设是高校人才培养创新的重要载体，是深化教学改革、全面提升教育质量的重要内容。分析创新教育体系关键成功因素可知，专业建设在创新教育体系中占有非常重要的地位，加强专业建设，可以加速创新型人才的培养和创新教育体系的构建。在加强专业建设、促进创新教育体系构建的过程中，应注意以下五个方面的创新：一是在观念上要树立创新型人才的培养观。创新型人才培养，不是单纯传授知识、以学生获得知识的多少与优劣作为培养目标，而是向学生知识结构更加合理、动手实践能力更强、素质更加全面、具有创新精神的培养目标转化。二是要加强师资队伍建设。在创新型人才培养过程中，教师的创新能力与创新型人才培养素质，在某种程度上决定了创新型人才培养观能否得以贯彻执行。三是努力构建适应创新型人才培养的课程体系。科学合理的课程体系，不仅是学生构建专业知识结构的基础，还是训练学生分析和解决问题能力的重要途径，同时也是提高学生素质与创新精神的关键。四是要大力推进研究性教学法，培育学生的创新思维。研究性教学法的推行使学生将知识融会贯通，创新思维得到全面提升，极大地增强了学生学习的积极性和主动性。五是建立科技创新激励机制，鼓励师生进行科技活动。不断完善制度建设，加强科技创新活动的硬件建设，保障学生科技创新活动的规范化、有序化和制度化。同时还应积极采取措施，激励教师积极参与指导学生实践，组建实践指导教师队伍，并将实践成果纳入教师年终考核与职称晋升考核体系，以保障教师积极投入学生科技创新指导工作，充分发挥教师的主观能动性和创造性，从而加速创新教育体系的构建和创新型人才的培养。

（三）完善科学合理的教师考核评价制度，提升人才培养质量

为促进高校教育功能的健康可持续发展，我国高校应进一步重视人才培养，加大人才培养投入力度，其中最为关键的就是改革完善当前的教师绩效考核评价办法，加强对教师教学能力的评价。具体来说：一是增加教学成果所占权重。在教师绩效评价指标权重上，应该加大教学成果奖的权重，如一项省部级教学成果奖所占权重等同于一篇国际性高水平期刊论文，一篇较高质量的教育教学改革论文等同于一篇高水平专业论文，在这方面国内部分高校已有较为成熟的评价方法。二是适当增加课时费。适当增加课时费，不仅解决了青年教师的经济负担，还极大地调动了教师投身教学的积极性和主动性。三是鼓励和支持教师创新教学方法。人才培养是一个漫长又枯燥乏味的过程，大学要鼓励和全方位支持教师在教学中探索运用启发式、发现式、讨论式、探究式、对话式等多种具有启发性的教学方法，培养学生发现、分析、解决问题的能力，开发学生的内在创造潜能。通过创新一系列举措，引导教师关注教育教学，加大人才培养投入力度，大力提升人才培养质量和水平。

第二节　耶鲁大学的创新教育经验

耶鲁大学成立于 1701 年，是一所私立大学。它和哈佛大学、普林斯顿大学齐名，历年来共同角逐美国大学和研究生院前三名的位置。在美国历史上，有五位总统毕业于耶鲁大学：威廉·霍华德·塔夫特、杰拉尔德·鲁道夫·福特、乔治·赫伯特·沃克·布什、乔治·沃克·布什和比尔·克林顿。耶鲁大学凭借其优秀的学子创造了一个政坛的奇迹。所以，耶鲁大学素有"总统摇篮"之称。教师之间经常开的玩笑就是："一不小心，你就会教出一个总统来。"

一、耶鲁大学的创新教育概述

（一）教授治校

教授治校早已成为耶鲁大学民主治校的特色。美国当代著名的高等教育学家克拉克·克尔曾指出："在美国最早把大权交给教授的大学是耶鲁。"然而耶鲁大学教授治校的传统并不是与生俱来的，耶鲁大学形成教授治校的治理模式也是经历了漫长的历史发展，长达百年之久。

纵使耶鲁大学形成教授治校传统已逾百年，但从其教授治校的领域来看，其

最初制定的董事会管理制度中董事会依旧是耶鲁"法理"层面上最高的权力者。且耶鲁大学校长作为学校最高行政领导，其治校权力也不容小觑。耶鲁大学教授治校自形成以来在治校方面一定程度上受董事会的牵制以及历届校长的影响。因此，耶鲁大学自始至终都没有形成像欧洲大学传统的教授治校，即教授群体全权掌握处理大学一切事务的权力，而是形成了教授会与董事会、校长三足鼎立的治校局面，即美式教授治校的模式。三者在治校方面各司其职，董事会主要负责学校外部事务，校长主要负责学校行政事务，而教授最主要的治校权力分布在一所大学最核心的部分——学术事务的处理上，同时教授对其他事务的处理拥有参与权和投票权。教授群体对学术事务拥有决策权，这是耶鲁大学教授治校的精髓所在。

耶鲁大学的教授群体并不是在对学校的全部事务处理上都拥有绝对的权力，在不同的领域，耶鲁大学教授对其治理的程度有所差异。在欧洲教授治校理念下，大学教授对大学一切事务的控制拥有绝对的、至高无上的权力。而耶鲁大学的出身环境与欧洲大学不同，欧洲大学起源于教师行会，主要由教师们建立起来，其对大学的控制是与生俱来的。而美国大学多由以发展宗教为目的的校外人士建立起来，采用类似于公司管理的董事会制度来管理学校。并且董事会治校制度首创于耶鲁大学，这种治校观念根深蒂固，耶鲁大学的治理权力不可能脱离董事会而完全交给教授。但随着耶鲁大学治理的理念不断发展，以及受欧洲教授治校理念的影响，今天的耶鲁大学虽然没有达到完全的教授治校，但其在对学校治理的权限上已经有了质的突破，在学校核心事务方面的处理上基本完全由教授群体掌控。

在非学术事务的处理上，一方面由于耶鲁大学董事会治校制度已然根深蒂固，另一方面所谓术业有专攻，大学教授对非学术事务的处理从某种角度来说，不见得那么专业。因此，耶鲁大学在此方面并没有赋予教授绝对处置权，这一部分的决策权主要掌握在董事会和校长手中。董事会主要负责对外的宏观事务的决策，校长主要负责把握校内行政事务的处理。如上文所述，教授在此方面事务的处理上仅有参与权和投票权而并没有最终的决策权。因此在非学术事务的处理上，客观地说，耶鲁大学并没有完全实现教授治校。虽然在非学术事务的处理上，耶鲁大学的教授没有很大的权力，但在学术事务的处理上，教授的权力可以说至高无上，耶鲁大学学术事务的决策权完全掌握在教授的手中。如学院课程的设置、教学活动的评价、大学教师的聘任等学术事务的处理均需组成相应的教授委员会来进行决策，由教授群体做出决定。可以说，在对学术事务的处理上，耶鲁大学已经完全实现了教授治校。

大学，作为传递和发现知识、向往与追求真理的地方，不同于其他的社会组织，学术性是其本质属性，学术事务是其核心事务。耶鲁大学虽然在非学术事务处理上没有实现完全的教授治校，但却将其最核心事务——学术事务的决策权完全交付到最懂大学的人——教授手中，使其在学术事务的管理上完全实现教授治校，这完全符合大学发展的内在逻辑的要求。而且，在对大学非学术事务的处理上，耶鲁大学并没有完全剥夺教授"治校"的权力，只是相对于对学术事务的处理权弱化了而已。耶鲁大学教授群体一方面把握大学最核心问题的处理权，另一方面在边缘事务的处理上有参与权和投票权等。

（二）注重人文精神

耶鲁大学人文教育的目标之一是培养学生的人文精神———种追求人生真谛的理性态度，即关怀人生价值的实现、人的自由与平等以及人与社会、自然之间的和谐等，因而在耶鲁大学的校徽上书写着"光明与真知"几个字。耶鲁大学的前校长理查德·莱温也说："让青年学生用自己在学术、艺术等专业上的成就为社会做出贡献，为人类生存条件的改善而工作。"

1701年，耶鲁大学和政府签订契约，要"努力发展学术，提供服务和精神启蒙"。今天，耶鲁大学仍然坚持大学的教育不是为了求职而是为了更好的生活。因此，心智的训练比简单的知识获取更加重要。300多年来，人文精神始终是耶鲁大学标榜和重视的核心。学校不仅要教会学生如何学习，培养他们将知识转变成力量的能力，还要训练他们应付纷繁社会的本领。

19世纪初，美国举国上下提出大学课程设置应着重实用学科，美国东部许多高等学校纷纷设立实用学科。课程改革的浪潮冲击着美国的大学，也冲击着以保守著称的耶鲁大学，它迅速地对这一浪潮做出反应，其结果是，1828年，在杰里迈亚·戴校长的领导下，耶鲁大学发表了著名的《耶鲁报告》。

《耶鲁报告》极力肯定以古典学科为主的人文教育的重要价值而排斥科学的实用教育，声称"没有什么东西比好的理论更为实际，没有什么东西比人文教育更为有用，大学里为本科生所开设的教学课程不包括职业学，专门化必须晚一点开……心智的训练使学生具有对社会的责任感"。该报告敌视实用的职业技术课程，坚持认为共同学科的深入广泛研习对学生形成良好的教养大有裨益。耶鲁大学之所以把古典课程作为其核心课程，要求每一位耶鲁学子认真学习，是因为她把传承优秀的文化知识作为自己使命的一部分，并且坚信在学习古典课程的同时能使人的情感得到陶冶，道德得到提升，更有利于培养一个热爱自由与真理的人。

《耶鲁报告》的发表对美国高等教育产生了很大的影响。19世纪初，德国的学习自由对美国的影响相当深刻，美国大学不仅接受了学习自由的理念，而且第一次通过建立选修制和学分制使学习自由制度化。但选修制在美国的确立经历了一个曲折的过程。早在托马斯·杰弗逊时代，威廉玛丽学院和弗吉尼亚大学都先后采用过选修课，但这些早期的改革很快因为1828年《耶鲁报告》的发表而暂时止步。

为了坚持追求真理、增加知识的学术使命，1986年任校长的施密德特教授强调耶鲁大学必须坚持思想的绝对自由以及对智力亦即学术追求的不可动摇的信奉，并且他在开学典礼上要求耶鲁大学的新学子们像一代代比他们年长的校友一样接受这一大学观念。耶鲁大学把培养学生成为具有爱国精神，能对国家尽到责任和义务的"责任公民"作为大学道德教育的目标，强调学生必须具备美国"国民精神"，要时时处处为美利坚的强大而自豪和尽责，并把不断涌入的移民"美国化"。

（三）注重通识教育

1. 为学生构建广博的知识体系

（1）课程设置

通识教育的本质就是在发展学生的智能素质的基础上，激发学生的学习兴趣，培养学生内在的求知欲，最终使学生通晓广博的知识。莱温校长认为尽可能地为学生提供广博的知识，可以使学生对知识总体状况有一个综合的、全面的了解，有助于其构建丰富扎实的知识体系，有利于他们用自己的心智独立思考、解决问题。耶鲁大学开设了古典文明、语言学、物理学、天文学、医学、数学、解剖学、戏剧史、动物学、社会学、统计学、管理学、森林科学、冶金学、药理学、机械工程、心理学等1400多门通识课程供学生选择，这些课程几乎覆盖了人类知识领域的所有学科。

（2）选课方式

耶鲁大学提倡所有本科生在入学时不急于选择某种特定的专业，而是先接受范围广泛的基础教育。学生在入学后应充分利用大学头两年的时间广泛学习通识课程，在接受两年广泛的基础教育并修满相应的学分之后，在对所有知识体系有一个清晰、全面认识的基础上，再根据个人兴趣、爱好，选择某一领域的专业继续深入学习，这种广度和深度相结合的培养模式目前已取得了良好的效果。

（3）营造学习氛围

为保证学生有良好的学习环境，耶鲁大学为每个学生的房间里都安装了高速宽带电脑，以保证其可以随时随地地查阅资料；为培养学生多元化的学术触角，耶鲁大学投入更多的资金加大图书馆重点研究领域的藏书量，并为大学艺术博物馆、艺术学院、建筑学院、戏剧学院等提供全新的设施。莱温指出耶鲁大学将尽一切可能为学生提供获得广博知识的机会。在耶鲁大学，学生可以接触到世界知名学者，接触到博物馆丰富的藏品，这些丰富的资源都有利于培养学生的情趣，使他们的知识结构不断更新，视野不断开阔。

2. 培养学生批判性独立思考的能力

通识教育的真谛就是要在传授知识的过程中培养一种理性思考和批判性独立思考的能力，而批判的前提是学会质疑。学生可以去质疑书本中固有的理论，质疑教师，批判、独立思考的能力是教学的首要目标。在很多学院的课堂上，源于德国的研讨制被广泛地应用于教学中，教师与学生围绕圆桌面对面地进行交流，这种形式使课堂的氛围变得轻松，学生以参与者的身份在讨论课上提出自己的见解，在讨论中获得启发，在思索中培养独立思考的能力。这种放弃背诵式的教学方法，采取课堂互动的教学模式有助于鼓励学生在探讨中建立自己的知识体系，培养学生的独立思考能力与创新精神，最终逐渐形成一种批判意识。

莱温认为注重理性思考培养出来的学生大部分都具有冷静的头脑，不会轻易受周围环境的干扰；注重培养学生的批判意识，能够使他们在遇到问题时摆脱从众思维的枷锁，充分利用自己的心智独立思考问题，而不是人云亦云，附和多数，缺乏主见。事实证明，耶鲁大学这种善于培养学生质疑、反思和批判性独立思考能力的教学方法，造就了大批对公共事务思路清晰的公民和领袖人物，使毕业生在今后的工作生活中充满了好奇心与想象力，具有把新知识运用于实践的灵活性以及适应不断变化发展的工作和家庭环境的能力。

（四）重视本科生教育

耶鲁大学以本科生教育举世闻名，这与耶鲁大学多年以来重视本科生教育的传统有关。耶鲁大学前校长施密德特在1987年开学典礼上曾说："我非常高兴、非常自豪地对你们说：你们就是大学！这句话，我与我的前任用不同的方式对新生已说了将近三百年了。"从19世纪末开始，美国的大学开始向德国式大学转变。这一转变的主要特征就是教授以研究为主、教学为辅，教学以研究生为主、本科生为辅。这导致美国大学很多有名的教授只知埋首研究、写论文，教书就让助教去做。而耶鲁大学的本科生是幸运的，他们入校之初就有德高望重的名师亲自授课。作为一种传统做法，耶鲁大学的所有教授不管是年轻的还是资深的，不管是诺贝尔奖得主还是普利策奖获得者，都有义务为本科生上课。为了保持本科生教育的特色和优势，耶鲁大学为本科生配备了一流的师资。在耶鲁大学执教的教师都经过严格的挑选，许多学界泰斗和大腕学者都亲临耶鲁大学本科生教育第一线，为在这所久负盛名的常春藤大学里读书的莘莘学子开启了通向知识王国的大门。

19世纪末，耶鲁大学受德国大学办学模式的影响，创立了美国第一个研究生院。教育现代化的脚步陡然加快，本科生的地位却在下降。对耶鲁大学的管理者来说，如何让耶鲁大学本科这块金字招牌不褪色是一个迫切需要解决的问题。20世纪20年代，耶鲁大学处于极好的发展势头，学生纷至沓来。由于耶鲁大学的学生人数迅速增长，师生比升高，教师无法再像从前那样悉心地辅导每一位学生，昔日的集体观念和团结精神也渐渐淡漠。因此，耶鲁大学决定放慢扩大规模的速度，坚持质量优先的原则，在一流大学中第一个选择了限制招生数量保证质量的发展战略。从此以后，耶鲁大学始终坚持这一战略。时至今日，耶鲁大学的本科生招收数量仍与那时持平，保持在5000人左右。

耶鲁大学之所以重视本科生教育，一方面是秉承其多年来的治校传统，另一方面与莱温校长的治校理念有关。莱温认为，本科生教育的目的是培养其批判性和独立思考的能力，为终身学习打下基础；出色的本科生教学规划必须超越智力的培养，为学生提供性格发展的机会，这样就可以让青年学生用自己在学术、艺术等专业上的成就为社会做出贡献，为人类生存条件的改善而工作。而关于本科生教育，莱温认为，本科生教育的核心是通识教育。他在56级新生入学大会上指出："通识教育能引导我们探究和确立价值观，可这还是不够的。为了完全理解价值观的意义，我们还必须通过自己的生活对它进行检验。"他设计的通识教育独具匠心却也自成体系，可以概括为四个方面：第一，他提出教师应当承担起"带领耶鲁大学走进21世纪的任务"，这样教师的任务不仅是课堂教学，更应该与学生形成亲密关系，对学生进行全方位的辅导；第二，学校并不硬性地规定学生必选课，而是敦促他们根据自己的需要和兴趣制订学习计划，在千余门课程中自由挑选；第三，支持学生参加体育、音乐、政治组织等课外活动，并由学校出资让这些课外活动保持活力；第四，鼓励并要求学生参加社区服务，这一做法已被当作案例写入美国教育改革文献。谈到通识教育的结果，他认为"通识教育最能培养为社会服务的能力……也是捍卫个人自由和民主的一股强大力量"。

可见，在耶鲁大学校长心目中，通识教育并非纯业务的知识型教育，而是包括发展个性、提高能力、增强社会意识、促进公共利益的素质教育。这既体现了莱温对通识教育的全面认识，也与耶鲁大学培养领袖人才的战略规划密切相关。

莱温更加希望耶鲁大学的学生能够成长为各行各业的领袖。在耶鲁大学本科生教育中，领导学和领导艺术课程总是被优先推荐给学生；对于有潜质成为领袖的学生，耶鲁大学还会给予全面的培养和充足的资助。

二、耶鲁大学的创新教育对我国高校教育的启示

（一）培养人文精神，营造良好校园文化环境

培养具有健康人格和人文素养的人。健康人格的培养和人自身的完善是现代大学教育的重要目标。人文科学教育的目的是培养深谋远虑、能够灵活运用知识、思想坚定、心胸开阔的人；培养对新事物反应敏锐、对使人类进化的传统价值负责的人。人文精神是大学应有之义。大学不仅要有优越的师资、优越的环境、优越的学术、优越的学生，更要有深藏于内的人文底蕴。

习近平总书记指出："高校立身之本在于立德树人。"在建设大学的过程中，必须重视作为隐形资源的校园文化和纯洁明净的人文氛围对学生精神品格的积极影响。高校应挖掘隐藏在冰冷建筑后面的鲜活人文精神，营造浓郁的文化氛围，举办有特色的人文教育活动，培养学生的人文精神，形成大学精神品格。

（二）注重通识教育

一是要认识到大学实施通识教育的重要性。在我国发展通识教育既是满足社会经济和科技发展对复合型人才的需要与个体受教育多样化的需求，也是专业教育走向大众教育的必然趋势。耶鲁大学的本科生教育在美国大学中始终保持领先水准，这与耶鲁大学的历任校长、教授坚持捍卫通识教育有莫大关系。

二是提高通识教育课程的教学质量。一所学校通识教育水平的高低，关键在于是否拥有一批高水平的通识教育课程教师。通识教育课程教学对教师的要求比专业教育更高，耶鲁大学的顶尖教授主动为学生讲授通识课程，潜移默化中拔高了通识课程教学质量的起点。

三是将通识教育延伸至课外。耶鲁大学的通识教育不仅体现在通识课堂上，还体现在学生的课余生活中。其独特的住宿学院制度将通识教育渗透到了学生的生活细节中，使学生时刻都能从耶鲁大学精心营造的通识教育氛围中受益。

（三）从根本上规范学术权力与行政权力的关系

我国高校的自身管理方面，目前还存在一些问题。从蔡元培在北京大学推行

教授治校开始,到 2012 年教育学者主张高校去行政化的呼声越来越高,我们可以看出,高等教育管理者已经认识到了学术自由的重要性。为此,在当前我国高等教育改革过程中,要立足于本国国情,从实际出发,从根本上规范学术权力和行政权力的关系,要因地制宜,切不可完全照搬国外改革的成功经验,要结合本国、本地区的实际情况取其精华,去其糟粕,建立相对完备的高等教育管理措施,进一步完善对管理工作的监督机制,切实保障高等教育的各项工作有序进行,切莫出现学术人才管理行政事务、行政人员管理学术或者权责划分不明的情况。

第三节　牛津大学的创新教育经验

牛津大学位于英国牛津,始建于 12 世纪中叶,至今已有 800 多年历史,是世界上最古老的高等学府之一。17 世纪以前,牛津大学的规模较小,到 17 世纪中叶,相继成立了许多男生学院,19 世纪开始成立女生学院,直至 20 世纪初,牛津大学一直是一所以本科为主的大学。第二次世界大战后,研究生层次的教育才开始迅速发展,近几十年来,牛津大学又成立了一些研究生院。现在牛津大学共有 39 个学院,各学院都是自治的法人团体,有权对本学院的教育和日常事务做出决定和进行管理,但在一定程度上要受牛津大学规章制度的制约,尤其是在招生方面,必须符合大学规定的入学标准。

牛津大学培养的学生中英才辈出,群英荟萃。仅就近现代而言,牛津大学就涌现出几十位诺贝尔奖得主,培养了 30 位英国首相,还有其他国家的领袖。800 多年来,牛津大学培养了一批批富有自学能力、独立思考精神、自我负责精神和人格全面发展的为人类社会发展做出突出贡献的优秀人才。

一、牛津大学的创新教育概述

(一)自由教育

自由教育思想是英国高等教育的显著传统,800 多年来一直位居英国高等教育体系尖端的牛津大学充分彰显了这一传统。自由教育思想是牛津大学人才培养历史传统形成的思想根源。

1873 年,英国自由教育论的代表人物、牛津大学毕业的纽曼出版了《大学的理想》一书,此书可看作英国自由教育思想体现于高等教育层面的一个很好总结。纽曼认为,大学教育是一种自由教育,它应该以理论思考、研究事物为手段,以发展杰出的理智为目的。因此，追求自由的知识是大学的教育目的，大学是一个提供、传授普遍性知识的场所。他还指出，人文学科是发展理性、培养智力的最佳学习内容。纽曼轻视和排斥职业教育，将职业性和实用性知识赶了出去，极力反对大学教育教授职业技术知识。可以说，纽曼的思想为英国大学注重自由教育，注重学术气氛、学术熏陶，注重人文教育，以导师制发展学生的心智和品格的传统奠定了基础。

自由教育主要表现在以下三个方面。

1. 大学是传授知识的场所

自由教育思想强调大学是传授知识的场所，而且仅仅是以"传播和推广知识而非增扩知识为目的"，大学更关注教学而不是科学研究，坚持把人才培养作为大学的唯一职能。虽然19世纪以后，随着德国洪堡大学理念的传入，为了适应社会发展的需要，英国大学也开始出现服务与实用的倾向，但这只是小部分，无法成为英国大学理念的主流。直到第一次世界大战时期，英国大学的教授依然只是注重教学，他们并不像德国教授那样把科研作为主要的职责。以牛津大学为代表的英国传统古典大学坚持对自由教育思想传统理念的继承和强调，仍以"德行、智慧、礼仪和学问"作为人才培养的出发点。

2. 大学培养的是绅士

强调培养健全精神的自由教育思想决定了英国传统大学以绅士为培养目标。大学仅仅是传授知识的场所也意味着大学不能将眼光局限在特定的专业上，大学是为了传授知识、发展理性，而不是教给学生谋利的技巧。大学通常被认为是进行普通教育和陶冶性情的场所，大学的目标是培养有教养的人而不是有专门知识的人，是培养社会好的领袖和好的成员。英国要求传统理想的绅士拥有足够的财富、内涵、信心，要在政界或公益部门发挥作用，并不关心他拥有什么样的专门知识、从事什么样的工作。牛津大学培养的领袖型人才同时也是绅士，沃尔·特莫伯利爵士就曾指出，牛津大学的主要目标一直是培养有教养的绅士。根据这一原则，在1996年，牛津大学拒绝了当时沙特阿拉伯一位富豪为在牛津建立一所工商管理学院而捐赠的巨款，因为牛津大学认为工商管理是为了谋利，与自由教育思想的理念以及牛津大学治学的原则不符。

3. 大学要自治和自由

长久以来英国大学享有较高的自治权，它们从来不是政府的组织机构，而是学者自治的团体，中央政府只是提供经费，学校独立自主地管理一切内部事务，政府不能加以干涉。当前，世界各国政府为了更好地推动高等教育在人才培养、科学研究、社会服务等方面的重要作用，纷纷对大学进行干预，但英国政府始终只是通过控制拨款经费的方式间接地影响各大学的教学和科研，并不对学校的内部事务进行干涉。这就保证了牛津大学能够始终坚持学校人才培养的传统。享有自治权的英国大学把"自由"作为办学理念，强调学术自由。它们明白对学术自由的强调是更好地坚持和发展学校学术性的前提。

自由教育提倡大学应提供给学生一种广博的教育，强调发展理智，不专为某种职业活动所需的知识和技能做准备。因而牛津大学坚决反对追求实用性、功利性的人才培养目标；自由教育思想强调大学是传授知识的场所，因而牛津大学以培养知识面宽的博学家而不是某一领域的专门人才作为确定教育内容、培养方式、管理方式以及考核评价方式的标准，反对教育外在的功利目的，重视学术性的专业与课程，重视人文学科和基础理论研究。牛津大学鼓励学生独立思考、大胆质疑、重视批判性和创造性思考能力。大学下属的各个学院都各有特性，而且每所学院都不会试图采取强求一致的政策，给学生充分的自由。弗莱克斯纳指出："牛津大学和剑桥大学十分幸运，能够提供各种环境。在各种各样的环境里，游手好闲者可以无所事事，认真做事者可以埋头工作，勇于创新者可以开拓创新。"

（二）导师制

早在19世纪初，牛津大学林肯学院院长爱德华·塔汉姆就提出，大学是探索普遍学问的学府，是传播普遍知识的场所，传授普遍知识是大学首要的职责。一个世纪后，牛津大学新学院院长史密斯指出："本科生的学习是培养理解问题和解决问题所必需的耐性、坚韧和决心，对于真理真诚坚定的思想以及从容、沉静的品质。"史密斯院长的继任者艾伦·赖安将牛津大学导师制置于自由教育的广阔背景之下。自由教育提供的是一种可迁移的技能，如阅读、再现的能力，获得信息的能力，流利而清晰地说和写的能力等。赖安认为，自由教育所鼓励的并不是对研究的尊重，而是对学问的尊重。赖安的观点可以被视为今日牛津大学自由教育传统的新发展，而这种发展又必然与其导师制教学理念的变化密不可分。

在牛津大学，教师在课堂讲授之外，就是推崇学生的自主独立学习。为了加强对学生的学习指导，导师制在英国高等教育中是一大亮点和特色，学业之外的指导教师称为"tutor"，学业导师称为"super visor"。导师制为牛津大学的学生在本科阶段注重高层次学习和研究探索能力的培养提供了有力的支持。牛津高等教育政策研究中心的研究员大卫·帕尔菲曼在其书中描述道："牛津大学的导师制是神秘的……它又像牛津大学的教学宝石，且是牛津皇冠上的宝石。"英语学科导师及研究员林恩·罗布森博士说:"导师制绝对是牛津大学教学体系的核心部分。"导师早已是牛津大学本科生教育系统的关键部分,牛津大学的本科生都有指定的导师,本科生于每个学期都需要进行 2～4 门的辅导课程,每个学期只有 8 周,时间相对较短。导师和学生每个星期至少会有一次面对面交流沟通的机会,时间由师生自己安排,每次交流的时间大约为 1～1.5 小时。课程开始之初,导师会提供较为详细的辅导大纲以及相关的文献给学生参考,以便确立下次讨论会的主题,并且导师要求学生依据讨论会的主题撰写周论文。导师亦可根据学生周论文中出现的问题,引导学生进行深入的思考,探索学生的想法;学生也可以针对在公共课中遇到的问题,或者是自学中遇到的问题,抑或是其他任何想要咨询的问题,在讨论会中询问导师。这样做的关键在于学生与导师之间的自由辩论,通过自由辩论,学生和导师会产生思想的碰撞、想法的交流。导师鼓励学生自己思考,激发学生思考的能力,培养学生独立的思维方式及思考习惯;学生在自由辩论中可以提高自己的表达能力,拓宽自己所掌握的知识面,丰富已有的理论知识。

在牛津大学,学生的学习模式可以是小班授课、辅导小组、研讨小组,也可以是其他各式各样的教学方法,这样使得每位学生都能得到教师的充分支持。这些教学方法包括讨论、游戏、解决问题、做项目、实践操作、同步辅导、计算机辅助学习和模仿等。导师和学生的讨论会是平等开放的,学生对导师的质疑和挑战在牛津大学是常见的。在牛津大学,学生不会屈服于任何标准答案和学术权威。正如牛津大学教授马蒂亚斯·夏尔曼所说的那样:"在牛津大学,我们不是培养绵羊,而是培养有高度个性的人,这些人今后无论在什么形势下,都能做出正确的选择。"

泰戈尔说:"我们觉得知识是宝贵的,因为我们永远来不及使知识臻于完美。"牛津格言是这样指导它的学生的:"永远不能满足于已获得的知识和成就,因为这些只能代表过去,而未来永远只存在于前方,对于知识的追求永远没有止境,因为有新的知识等待你去学习,你永远可以做得更完美!"爱迪生发明电灯,寻找合适的灯丝就是再合适不过的例子。

导师制是牛津大学教与学的中心,给予学生一个与世界领先人物讨论自己的专业学科的机会。导师给予学生支持,鼓励学生发展自己的全部潜力。

(三)学院制

牛津大学实行学院制,大学由各个独立的学院联合而成,大学与学院分工协作,共同担当培养人才的重要任务。

牛津大学在形成之初，并没有自己的校舍，而是租用市民的房屋。1249年，威廉·达勒姆捐款建立了大学学院，使牛津大学有了第一栋自己的校舍。此后，牛津大学又陆续建立了另外38个学院。牛津大学的学院并不是按学科来划分的，而是将不同学科的学生融于一个学院之中。学院的规模不大，都在500人以下。每个学院都是一个独立的法人，是相对独立的自治办学机构，自我管理，独立运营。每个学院都拥有自己的教师、职员、校舍、基金、各种学习和生活娱乐设施。学院制是中世纪大学的遗产，每个学院都可以说是牛津大学的缩影，它使牛津大学像一个由众多自治共和国组成的联邦，大学和学院分工协作，共同培养人才。

学院的职责是选拔自己的本科生，为学生提供住宿、餐饮、公共休息室、图书馆、体育和娱乐设施、宗教服务，负责学生的导师制教学和福利。大学的职责是确定各学院教学的内容，组织课堂教学、讲座和研讨会，提供图书馆、实验室、博物馆、计算设备等教学资源，选拔、指导研究生，审查研究生论文，组织考试，评阅考卷，授予学位。牛津大学的学生必须在某一个学院注册，成为学院的一员，同时又属于大学。由于所有的讲座和课堂教学都是由大学提供的，因此，无论注册哪一个学院，都可以选择学习由大学提供的课程。在人才培养方面，大学的职责是学术性的，而学院的职责则是促进学生的品格发展。纽曼曾分析了大学和学院的职能区别："大学的教学方法是教授式的，而学院的教学方法是导师式的。大学为传授知识而存在，而学院的职能在于发展品格。"今天，牛津大学仍然维持着这种职能分工。牛津大学前副校长莫里斯·博拉也指出："一所学院如果不能在学术要求之外为本科生提供丰富而富有活力的生活，它就失去了存在的价值。"总之，学院在学生的学术生活之外，为学生带来富有激励的、文明的影响，丰富学生的生活。正是通过大学和学院作用的相互补充，牛津大学才能培养出一代又一代高水平的人才。

牛津大学的学院制，可以使学生在各种学科专业混合的环境和氛围中学习，有利于培养学生的综合素质，学生既可学习自己喜欢的专业，又能学到各种各样的知识。各个学院中都有浓厚的学习、学术和宗教氛围。学院制是提高学生素质十分有利的管理体制，它充分反映了牛津大学以学生为本的先进办学理念。

（四）教学与科研相结合

在牛津大学，研究和教学是结合在一起的，教授也就是研究员。每学期牛津大学都要求教师通过讲课、研讨会、讲习班、公开讨论和学术会议等形式汇报自己的研究成果。每个讲座不论是导师还是学生，不论是高年级还是低年级的学生，都可以自由发言，平等讨论。这不仅有利于活跃思想，更有利于教学内容的更新，使学生能够站在学术最前沿，触摸到最新的知识和信息。因此，教师要通过大量的科学研究为学科内容增添新的理论和方法。这对教师提出了很高的要求，教师不能仅仅传授学科知识，还要为学科的发展做出贡献。教师只有在系统掌握、熟练运用本学科的基本知识、基础理论及相应的方法技术的基础上，亲自进行科学研究，站在学科领域的最前沿，才能不断获取新的知识，提出新的理论和科学思想，促进学科的发展，最终使牛津大学的人才培养取得高质量的成效。牛津大学教师的工作量是靠"君子协定"，因为知识传授主要靠职业道德、觉悟良知、雄心抱负、内外动力和师生合作，而不是用课时数和授课人数等机械数量来限制教师。

二、牛津大学的创新教育对我国高校教育的启示

（一）提高导师教学的力度，加强对学生的针对性培养

1. 注重个性化教育

我国现阶段的高等教育还在实施传统授课模式。传统的团体上课是一种典型的一对多的受教形式，教师面对学生群体，一次性授课，就可使一群学生受益。但是每个学生都是独立的个体，是具有个性化的主体，每个学生的智力水平和兴趣爱好不尽相同，对知识的汲取和诉求程度并不一致，团体上课的传统模式无法充分满足学生的个体化需求。盛誉满载的知名学府牛津大学，其最为人知的不是导师带研究生，而是导师带本科生，且对每位本科生进行具有个性化的精心指导。我国高等教育机构应适时地汲取牛津大学导师制的成熟经验，改变一个辅导员带领一个班集体的群体制度，向个性化教育倾斜。

2. 关注精英化教育

牛津大学的精英化教育模式培养出的学生具有创新意识、独立思考能力、举一反三的应变能力。本科阶段的教育是学生日后研究和自学的基础，我国的高等教育不仅不能放松对本科生的培养，还应该加大、加强对本科生的培养。在本科教育阶段，学习牛津大学的导师制，给学生配备一对一（根据实际情况，亦可一对多）的辅导导师，实施导师对学生精心调配的教育教学方式，改变群体化统一培养管理模式。另外，在加强我国高等教育改革的同时，关键是培养学生的创新意识、独立思考能力、举一反三的应变能力。

3. 着重素质化教育

牛津大学的导师制注重的不仅仅是教书授业，让学生习得高等知识，而且注

重育人，导师关注的是全面提高学生的基本素质，激发学生主动思考的精神。

素质化教育要关注学生德、智、体、美等方面的全面发展，要关心学生的身心健康发展。进行素质化教育不能空喊口号，要注重方方面面的落实情况。

（二）树立"以人为本"的工作理念，提高服务学生的能力

1. 树立"以人为本"的工作理念

牛津大学的学生教育与培养工作，充分体现了以学生为本的理念，一切为了学生的学习与成长服务。树立"以人为本"的工作理念，就是落实好、发展好、维护好学生的切身利益，促进学生的全面发展。多年来，我国高等院校采取多种措施，积极为大学生创造良好的学习和生活环境，取得了显著成绩。但不可否认的是，在一部分高等院校中，其工作方式、工作方法、工作艺术和工作理念还不同程度地存在着重管理轻服务的现象，将学生作为学校工作的被管理者，制约了学校工作的进一步发展。

树立"以人为本"的工作理念，首先要从制定和完善规章制度做起。要保证学生的知情权和对学校学生管理工作的话语权，关键是要制定人性化的规章制度，从制度上保证学生参与学校民主管理的权利。其次，为确保制度建设落到实处，在贯彻落实过程中要主动接受学生监督，从机制上保证学生工作的公平、公正、公开。最后，要使"以人为本"的价值观念深入到校园工作的各个环节中。

2. 构建完善的服务体系

第一，要正确处理服务与教育、服务与管理的关系。围绕学生的学习和成长，给学生提供全方位的服务，将教育融入学校的管理与服务，这是牛津大学学生教育与培养工作的显著特点。现阶段，从我国高等院校的发展情况来看，已经建立了一套学生管理和服务体系，但是鉴于管理与服务还不完善，工作的质量和水平还不高。我国高校迫切需要完善服务体系，而这个服务体系所提供的服务主要包括住宿、学习、勤工助学、健康与福利、环境适应、就业、创业、财政支持、残疾学生帮扶以及国际学生服务等各个方面，使大学生在学习、成长中所需要的一切帮助都能得到相应的服务，感受到学校处处彰显着平等、宽容、理解和激励。切实解决好大学生最关心的现实问题，是做好高校服务工作的最直接、最关键的问题，能否解决好这些问题，是检验服务工作水平高低的基本指标。

第二，根据调查结果，确定服务工作的内容。"因人而异，对症下药"，加强工作的针对性、有效性。安德鲁·汉密尔顿校长在谈到大学精神时，对牛津大

学的评价是"在每一件事情上都追求卓越",这也是牛津大学让他引以为豪的一点。牛津大学是英语的首所大学,后来不仅在教学与管理制度上为许多英美大学效仿,而且其教育中体现出的种种大学精神也传播到了世界各地。今天的牛津大学,无疑仍然是世界级的卓越学府,是我国高等教育在发展改进中值得深入学习的榜样。

(三)协调教学科研发展,营造教学文化氛围

教育主管部门要从宏观政策层面平衡教师考核评价中的教学、科研权重,推动高校对教师综合、整体发展的重视。高校要将人才培养放在学校工作的突出位置,在职称条例、评奖评优和人才选拔等相关规定中,对教学和综合发展提出一定要求,促进教师工作思路的转变;尝试加强对主讲教师资格的认定管理工作,严格准入标准和要求;为青年教师营造宽松的工作和成长环境,使其能够安心参加听课、观摩、试讲、研讨等教学实践活动。另外,可以采取诸如教育思想大讨论、完善教学奖励制度、表彰师德先进、宣传展示教学名师等举措,营造重视教学、投入教学、研究教学和创新教学的大学文化氛围。

第六章　互联网+时代大学生创新型人才培养

时代的发展要求社会具备大量的创新型人才，而大学生创新型人才培养也在互联网背景下受到了巨大的影响，需要做出改革才能适应当下社会的发展和需求。本章主要阐述互联网+时代大学生创新型人才培养的基本理论和重要意义，并提出合理化的建议。本章分为创新型人才的概念与特征、大学生创新型人才培养的意义、大学生创新型人才培养目标的定位、互联网+时代大学生创新能力的培养、互联网+时代大学生创新型人才的品格塑造五个部分。

第一节　创新型人才的概念与特征

一、创新型人才的概念

（一）"人才"与"人材"

人才是指具有一定的专业知识或专门技能、能够进行创造性劳动并对社会做出贡献的人，是能力和素质较高的人。

"人才"与"人材"有时候是可以通用的。如果仔细推敲，可以看出它们之间的不同之处：前者是"有才能的人"，而后者是"有才学的人"。意思虽然相近，区别却是显而易见的。"人才"比"人材"具有更高的层次。"人才"是由"人材"经过适当的培训演变过来的。"人材"只有转变为"人才"，才能切实为组织服务。如果将"人材"比作电脑元件，"人才"就是由元件组装而成的电脑。

学校是培养人才的地方，学校培养的人应该是全面发展、有知识、有智慧的"人"，是有创新能力的"人"。在讨论大学的培养目的时，常常会给这样的"人"或"人才"加上了各种各样的定语，如社会所需的人才、实用型人才等。不能说这样界定有什么错，但它肯定是不全面的。至少，对于不同的大学，培养人的目的应该是有差别的。例如，高职高专类学校更注重某些方面特殊技能的培训，培养的是"人材"，而综合型大学应当着力培养全面素质更高的"人才"。有一点非常明确，即从用人单位的角度来看，"人材"是受欢迎的。从操作层面上讲，"人材"已经具备了一定的特殊技能，入职后更容易上手。如果企业提供一个很好的平台，今天的人材就会是明天的人才。但不能把所有的专业方向、所有的大学生培养都打上"实用型"的烙印。当今社会人力资源的一个现状就是人材众多，人才稀缺。其实，我们不仅仅需要大量的一线操作者，更需要具备理论知识与实践经验、能做研究的学者和大师。

帮助每一个有不同潜能的学生找到适合他们发展的方向，并鼓励他们为之努力，这是教育的职责，也是建设创新型国家的必要条件。

（二）创新型人才

人才的基本内涵，由三部分构成：一是拥有一定的知识或技能；二是能够运用知识或技能进行创造性劳动；三是为"三个文明"和社会主义建设做出贡献。这三部分内容需要有机统一，缺一则构不成科学的创新型人才概念。

理解创新型人才概念，应把握以下几个问题。

第一，坚信"人才存在于群众之中"。这是党的人才工作路线，是发现、认识、开发、选拔人才的出发点。一切新思想来源于群众，来源于各个领域、各个行业、各个岗位实践着的人们，创新由群众实现，并在群众实践中检验。创新型人才源于群众，创新型人才又从群众中脱颖而出。因此，不仅要尊重群众的首创精神，更要善于发现群众中的"首创"；在重视后天培养人才的同时，更要重视发现群众中的人才。从某种意义上说，发现人才比培养人才更重要。

第二，坚持衡量人才的科学标准。在人才标准问题上，自古以来就存在着"重德"与"重智"两种不同的观点，其中争论的焦点涉及"德""才""贡献"三者的关系。"重德主义"强调内在素质，主张以德为先、德才兼优的人才标准，德的标准强调伦理道德；"重智主义"强调尚能、尚功，主张能力与事功统一的人才标准，否认儒家将伦理道德作为人才的首要标准。

看一个人是不是创新型人才，一个人能不能发展成创新型人才，要坚持德才兼备的原则，把品德、知识、能力、业绩作为衡量人才的主要标准。

第三，坚持鼓励成才新理念。长期以来，不少人习惯于批评成才、"不打不成才"的行为理念。对于一个人的进步，适时适度的批评教育是必要的。但在建设法治社会、和谐社会、创新型社会的今天，培养人才的理念发生了重大变化。

研究证明，一个人的创造思维的次数，与运用后受到奖励的次数成正比，与运用后受惩罚的次数成反比。同样，一个人有时候创造思维异常活跃，而其他时候则反应迟钝。这说明创造思维活跃与否，不单取决于个人的大脑思维功能，还受到外界社会条件的影响，与受鼓励、赏识还是受压抑、惩罚关系极大。对创新者来说，他尝试做的事，多是"第一次"。按照创造学的观点，"第一次"行为就是创造行为；"第一次"做的事，就是创造性实践活动。众所周知，创造大多不是一次成功的，一个人的思想、行为、实践大都是经过多次失败才成熟、成功的。所以，对创新者的要求不能过高、过急、过于苛刻。开发和培养人的创造力必须遵循鼓励的原则，为人的创造力发展和创造人格的形成提供一个宽松的环境。

第四，相信人人皆可能成才。人才不是特定人群的专利。科学研究证明，每个人的大脑都有其成才的生理因素，即创造功能和潜在的特殊能力。遵循早期教育规律，注重后天科学开发，把个人勤奋努力与社会的公平竞争机制结合起来，人人皆可成为人才。

第五，弃形而上学的人才观。多年来，形而上学的人才观误导了人们对人才的认识，误导了人们努力成才的追求，误导了人们选择人才的途径和机制，扼杀了真正的人才的工作积极性。必须弃形而上学的人才观，不唯学历、不唯职称、不唯资历、不唯身份，不拘一格地选拔人才，使培养、识别、选拔、使用人才工作走上科学轨道。

人才概念离不开对人才的本质属性及标准的把握。人才的本质属性是人才区别于一般人的根本属性。人才标准是人才概念的具体体现，是人才与一般人相区别的标准。因此，人才的本质属性和人才的标准是人才最核心的内容，要科学把握创新型人才概念的内涵，不能回避对人才本质属性和人才标准的科学认识。

总的来讲，在科学主义文化背景下，创新可以表现在任何一个领域，因而凡是在科学技术及社会各个领域对社会发展做出杰出贡献并在一定范围内影响历史进程的人都可称为创新型人才。

创新型人才不是一个具体、狭义的概念，它是需要多方进行比对的一个相对概念，需要从人口、劳动力、人才等多方面同创新型人才之间的关系来看，如此才可以正确地对创新型人才进行界定。一般情况下，一个国家的总的自然人数量称为人口，人口的数量是劳动力、人力等多方发展的基础。而在人口的基础上，在劳动年龄范围内的人口称为劳动人口。而在劳动人口中又必然存在不具备劳动能力的人,排除这些人剩余的人口数目,称为人力,人力的结算是质量和数量的统一。人才指的是在一个国家内,具备某一方面的才能或者具有较高素质的劳动者。而创新型人才是在这群人中层次较高的那部分,这些人才比起其他人更具备创新意识,更具有创新精神和创新能力,这也是推动社会发展和劳动发展的重要因素。

按照不同的方式进行划分,可以有多种创新型人才,大致分为以下几种类型。

第一,从分布层次来看,创新型人才可以分为初、中、高三个层次。长久以来,人们都认为创新型人才是遥不可及的,是专属于高端、前端领域的高科技人才。然而,这样的想法显然是不正确的,创新存在于社会中的各个层次和各个方面。创新的形式多种多样,可以是创新发明,也可以是新元素的融入和发现,还可以是对结构的改革创新,只要是由主体对客体进行了创造性的活动,使得客体发生了创新性的改变的行为,都可以称为创新,而与此对应的主体人员,便可以称为创新型人才。

第二,从分布领域看,分为科学研究创新型人才、工程技术创新型人才、企业经营管理创新型人才、公共管理创新型人才。创新本质上是多元的,涵盖自然科学与社会科学、科学研究与技术开发、经济建设和社会管理等不同领域,创新型人才分布在社会生活的各个领域,在人们所知道的或不知道的各个领域、各个岗位当中。创新型人才不仅在自己的岗位上进行着或大或小的创新性活动,更是对社会做出了不同程度的贡献。而就现如今的创新形势来看,创新型人才主要分布在科学研究、工程技术、公共管理、企业经营等方面。

第三,从发挥作用看,分为理论研究创新型人才和实践应用创新型人才。创新型人才不仅要进行创新性实践,更要取得创新性成果并得到社会的承认。有的人才从事基础研究,提出某种新思想、新观点、新论断等,进而推动了理论方面的发展进步,属于理论研究创新型人才;有的人才从事应用方面的研究,完成实用新型、外观设计等方面的发明创造,进而推动了生产力领域的变革,属于实践应用创新型人才。

二、创新型人才的特征

看一个人是不是创新型人才,首先看他是否具备以下特征。

(一)知识性

知识性强调人才必须具有一定的专业知识或专门技能。这既是人才的本质属性之一，也是当今时代对人才的基本素质要求。知识和技能是成才的基础，是进行创造性劳动和对社会发展做出积极贡献的内在依据。知识的层次决定着创新型人才的层次。在知识经济时代，一个人成才可以没有文凭，但不可以没有知识和技能；没有较高的知识和技能素质，则难以成为高层次人才。

（二）创新性

人才与普通人的本质区别在于创新性。人的劳动按发展层次划分，可以分为模仿性劳动、重复性劳动和创造性劳动三个层次。前两个层次都是以继承性劳动为重要特征，其结果只能是将前人创造出来的劳动形式和经验进行再现和重复。而第三个层次不同，创造性劳动是以前人的经验和成果为基础，有所创新，有所突破，既能够取得比前人更大的成就，又能有效地提高自身的素质（包括能力）。因此，人才应具备一定的专业知识和较强的工作能力，特别是创新能力，能够进行创造性劳动，并在某一领域的创新过程中起到较大作用。

（三）进步性

社会总是向前发展的，人才总要对社会发展和人类进步起到某种推动作用。强调人才在"三个文明"建设和社会主义建设中做出积极贡献，这是人才内在素质和创造性劳动的转化结果，规定了人才劳动成果的价值标准。这也揭示了人才的进步性的本质属性。人的劳动价值不仅有大小之分，而且有正负之别，如果创造性劳动成果对社会发展起到破坏、阻碍作用，那么就是负价值，不会被社会所承认。那些虽有才能，但逆历史潮流而动的人物，不能算是人才。进步性是衡量人才的重要标准。

（四）时代性

人才是一个历史范畴，社会不同，时代不同，对人才的要求也不同。每个时代的人才，总是当时历史条件下的产物，必然烙上时代的印记。所以，看一个人是不是人才，必须与时俱进，与事俱进。否定了人才的时代性，就混淆了不同时代、不同社会形态下人才的特殊性。

综上所述，一个人是不是人才，首要的一点是看他是否具有符合时代需要的创新能力。在知识经济时代，创造财富最重要的资源就是知识和以知识为基础的创新能力。因而，知识经济条件下的竞争，实质上是知识创新和技术创新的竞争，从根本上说，是创新型人才的竞争。

比尔·盖茨成为世界首富，给知识经济理论添加了活生生的注脚，他首富地位的由来，既不是靠体力，也不是靠资本、资源，而是靠他在软件领域非凡的创新能力。知识经济为创新能力提供了广阔的发展空间，我们迎来了一个崇尚创新能力的时代。

（五）求实性

创新并不是对现实生活的臆造，而是在现有事实的基础上，对科学规律的总结和探索，是一种求实的科学精神。然而，科学精神的基础就是对事实的认可。这一基础要求创新型人才不能盲目，而是要尊重客观规律，坚持一切从实际出发、实事求是的基本原则。

（六）协作性

科学发展到现在，绝不是一个人的成果，特别是在当今多种学科交叉融合的前提下。如今的专业分工也更加细化，这就使得类似于旧时代个人英雄主义的情况成为历史，独自达到创新目的也越来越困难。这时候，就需要更具备团队意识的创新型人才，需要创新型人才更加尊重他人，更加尊重科学，只有团队合作才能够达到攻坚创新的目的。

第二节　大学生创新型人才培养的意义

一、顺应知识经济的迫切需要

21世纪，人类社会进入了知识经济时代。知识经济是创新经济。知识经济时代的基本特征就是知识不断创新，高新技术不断产业化。在知识经济时代，科技进步日新月异，国际竞争日趋激烈，而且综合国力竞争的广度和深度前所未有。而国与国之间的竞争，归根到底是人才的竞争，是民族创新能力的竞争，人才的创新能力比以往任何时代都更为重要。在发达国家，科技进步和知识创新对经济增长的贡献率已经超过了其他生产要素贡献率的总和。真正的生产资料不再是传统的以资金、设备和原材料为主，而是取之不竭、可以再生产的智力资源，即知识。

创新型人才是知识创新的载体，创新型人才要依靠学校培养，关键是对创造力的培养。学生创造力的发展水平直接制约着知识经济的发展状况，因此，学校必须担当此重任，重视培养学生的创造力，以适应知识经济时代的需要。

二、符合建设创新型国家的必然要求

所谓创新型国家，是指那些将科技创新作为基本战略，大幅度提高科技创新能力，形成具有日益强大竞争优势的国家。创新型国家的特征主要体现在四个方面：研发投入占国内生产总值的 2%以上；科技进步贡献率达 70%以上；对外技术依存度在 30%以下；创新产出高，发明专利多。目前，世界上公认的创新型国家有 20 个左右，包括美国、日本、芬兰、韩国等。这些国家的共同特征是创新综合指数明显高于其他国家，科技进步贡献率在 70%以上，研发投入占 GDP 的比例一般在 2%以上，对外技术依存度指标一般在 30%以下。此外，这些国家获得的三方专利（美国、欧洲和日本授权的专利）数占世界总量的绝大多数。

当前，我国科技创新能力有所提高，根据有关研究报告，2021 年我国国家创新能力综合排名上升至世界第 12 位，但我国的科技创新能力与其他科技水平较发达的国家相比，还存在一定的差距，有较大的上升空间。

自主创新、重点跨越、支撑发展、引领未来是中国共产党提出的建设创新型国家的指导方针。"十二五"规划要求"深入实施科教兴国战略和人才强国战略，加快建设创新型国家"。党中央、国务院做出的建设创新型国家的决策，是事关社会主义现代化建设全局的重大战略决策。

建设创新型国家，核心就是把增强自主创新能力作为发展科学技术的战略基点，走出一条具有中国特色的自主创新道路，推动科学技术的跨越式发展；就是把增强自主创新能力作为调整产业结构、转变增长方式的中心环节，建设资源节约型、环境友好型社会，推动国民经济又快又好发展；就是把增强自主创新能力作为国家战略，贯穿现代化建设各个方面，激发全民族的创新精神，培养高水平创新型人才，构建有利于自主创新的体制，大力推进理论创新、制度创新、科技创新，不断巩固和发展中国特色社会主义伟大事业。

创新型国家需要无数优秀创新型人才脱颖而出，急需创新型人才来承担原始创新、集成创新和消化、引进、吸收再创新的重任。我们必须加快创新型人才的培养步伐，并让广大科技工作者的创造活力竞相迸发，在中华大地上形成百舸争流、千帆竞发、万马奔腾、生动活泼、生机勃发的大好局面，让创新促进中华民族的伟大复兴。

三、顺应了和谐社会构建对人才的需要

（一）让一切有利于社会进步的创造愿望得到尊重

创造愿望是一种可贵的愿望，包含永恒的创造冲动，是对人们创造力的解放。现代人的基本特征是不人云亦云，不同于成见，不因袭传统，不迷信权威，不满足已有环境条件，乐于接受新的思想理念和新的行为方式，有改革和变化的要求，总之，具有创造精神和创造愿望。

不论是体力劳动还是脑力劳动，不论是简单劳动还是复杂劳动，一切有创造愿望的劳动都是光荣的，都应该得到承认和尊重。我们不但要切实尊重人们的创造愿望，还要努力营造"百花齐放、百家争鸣"的环境氛围，形成一种更加平等、更加宽松、更加活跃的气氛，鼓励人们研究新问题、提出新见解、探索新思路，允许提出不同意见，在一定范围内讨论。一个社会充满活力的标志，就是能充分调动全社会的创造性，使每个人都富于创造精神，积极参与各种创造性的工作和活动，成为增强社会创造活力的主体。

（二）让一切有利于社会进步的创造活动得到支持

创造活动是最有可能对价值生产和社会进步做出贡献的劳动。其表现为创造者在创造动机和创造意识的支配下，运用一切已知的信息，通过创造思维和创造方法生产出新的具有社会价值产品的能力，包括新观点、新理论、新思路、新技术、新方法、新产品和新工艺等。现代经济和社会的竞争，主要表现为科技的竞争，说到底又是人才以及人的创造力的竞争。对一切有利于社会进步的创造活动给予充分支持，是和谐社会充满活力的保证。

创造活动是特殊的劳动，有特殊的贡献，因此应该有特殊的支持：从政策层面上讲，要有特殊的政策扶持和激励措施，如根据创造活动风险较大、不确定因素较多的特点，以政府为主、社会参与建立创造基金、风险投资基金，鼓励社会进行创造性的探索和冒险，减少创造活动的成本；在制度安排上，要健全和完善公平竞争的环境，促进人们充分展示自己的聪明才智和创造力，不断进行理论思维、体制机制和科学技术等方面的创新，通过创新实现自身更多的利益满足，并积极推动经济发展和社会进步。

支持创造活动还要建立一种保护创造和爱护创造的机制，即允许人们在创造中失败，宽容创造者的失败。创造活动从本质上讲是一种探索未知领域的活动，在创造活动进行过程中遇到困难、遭受挫折和失败是一种比较普遍，甚至可以说

是不可避免的现象。创造者怎样面对困难、怎样对待挫折和失败以及社会怎样对待创造者，会对创造活动的最终成败产生决定性的影响。全社会应该建立一种鼓励、保护、关心、帮助创造活动的良性机制，健全社会保障体系，保证创造中一时失利的人有基本的生活保障，使他们有总结经验教训，东山再起，继续坚持创造活动的机会。

（三）让一切有利于社会进步的创造才能得到发挥

充分发挥一切有利于社会进步的创造才能，是和谐社会充满活力的表现。创造才能是蕴藏在创造者身上的创造能力，这是一种非常宝贵的生产力资源。创造才能的发挥，就是要做到人尽其才、才尽其用，将可能的生产力变为现实的生产力，取得有创造性的成果，对社会做出有创造性的贡献。如何将人们的创造才能充分发挥出来呢？要切实做到尊重劳动、尊重知识、尊重人才、尊重创造（四个尊重），尤其是尊重人才，而人才是人群中最具有创造优势的优秀分子，增强创造活力必须发挥他们的创造才能，让他们各显其能、各尽其才、各有所为；要在全社会树立尊重人才、珍惜人才的风尚，树立"人才浪费是最大的资源浪费"的理念，从各个方面创造条件，使各类人才有用武之地；要冲破人才发挥的思想观念，改变束缚人才创造的做法和规定，革除影响人才创造的体制弊端。应该看到，在现实生活中，影响人才发挥创造才能的因素，如一些旧观念、旧体制、旧做法还在相当的范围内相当程度地存在着，不敢创造、不能创造、不易创造的现象依然存在，既抑制了人才的积极性，也影响了社会的活力。

对有创造才能的优秀分子，应该大胆使用，将其放到最能发挥他们聪明才智和创造力的岗位上，切实从政治上、工作上、生活上关心和爱护他们。金无足赤，人无完人，一般来说，有创造才能的人往往有较强的个性，人们对他们会不理解或看不惯，因此，社会要有容人之心、容人之量，如对有创造才能的人才不能求全责备，应允许他们在创造中犯错误和改正错误；对他们的缺点错误，要及时给予善意的批评和纠正，不能一棍子打死；对恶意的造谣中伤，要及时澄清和制止。总之，要使有创造才能的人有安全感和事业心，从而少受干扰，一心一意地从事有创造价值的劳动。

（四）让一切有利于社会进步的创造成果得到肯定

一切有利于社会进步的创造成果都是人类创造的重要结晶，也是对社会的重要贡献，理所当然应该得到充分的肯定，并在利益上有充分体现。要建立科学的创造成果评价体系和机制，保证创造成果的价值得到客观和公正的评估；在分配机制上，要充分体现创造成果的价值，将创造成果纳入生产要素参与分配；要尊重创造者的意愿，允许根据合同约定将创造成果以资本的股权或期权形式兑现报酬；应建立以政府奖励为导向、用人单位和社会力量为主体的奖励体系，充分发挥经济效益和社会效益双重激励作用，充分体现创造的价值；对经济发展和社会进步有重大发明创造的成果，应给予重奖，形成创造光荣、创造伟大的示范效应；要建立健全创造成果的知识产权保护机制，切实保护创造主体对创造成果的权利，知识产权不明晰，则很难激发人们的创造积极性。所以，凡是侵犯创造者创造成果权利的，应依法严肃惩处，并充分发挥新闻舆论的作用，大力宣扬创造成果，介绍创造者的贡献，包括典型推广，在全社会营造崇尚创造、尊重创造、支持创造的舆论氛围，让更多的人投身到创造中来。

四、是深化教育改革的重要任务

建设创新型国家，科技是关键，人才是核心，教育是基础。当前，我国把科教兴国和创新型人才培养作为21世纪人才工程，提出了教育创新的发展战略。《国家中长期人才发展规划纲要（2010—2020年）》将培养造就创新型科技人才作为人才队伍建设的重要任务，提出要适应国家和社会发展需要，遵循教育规律和人才成长规律，深化教育教学改革，创新教育教学方法，探索多种培养方式，形成各类人才辈出、拔尖创新型人才不断涌现的局面。该纲要探索并推行创新型教育方式方法，突出培养学生的科学精神、创造性思维和创新能力，并且提出了人才培养模式创新的目标和路径，即建立学校教育和实践锻炼相结合、国内培养和国际交流相衔接的开放式培养体系。由此可见，培养大批具有创新能力的人才是摆在教育工作者面前至关重要的问题。

学校要通过体系、机制、制度的完善和人才培养理念、模式，特别是教学方法的大变革，鼎力构建"知识、能力、人格"三位一体的全面素质教育人才培养模式，始终保持站在知识更新和技术创新的前沿，为培养和提高学生的创新能力创造必要的环境条件，用一流的师资、一流的管理，加强对学生就业、创业能力和创新意识的培养，促进学生人人成为具有创新能力的高端技能型人才。

五、有利于促进人才全面发展

培养创新型人才必然且必须在促进受教育者全面发展的基础上鼓励他们的个性发展。所谓全面发展，是指使受教育者在德、智、体、美等方面都得到发展。与此相对的是个性发展。个性是指个体在需求、生活习惯、性格、能力、兴趣、价值观等方面形成的稳定的心理特征。全面发展与个性发展是辩证统一的关系。创新型人才培养有利于将人的全面发展与个性发展有机统一起来、协调起来。创新能力是人才全面发展的集中体现，是在全面发展基础上的个性发展的结晶。

人能否全面发展，在很大程度上取决于外部因素。影响人的发展的外部因素很复杂，除了自然环境之外，主要涉及物质文明、制度文明、精神文明和科学的教育。我国的物质文明为人的全面发展提供了基本的物质基础和条件；制度文明保障和激励人的全面发展；精神文明为人的全面发展营造了良好的文化氛围；而日益深入的教育改革，根本目的之一就是提高教育活动的科学性，以促进人的全面发展。可以看出，在培养创新型人才的过程中，促进创新型人才的成长和个性发展，除了要在思想品德上加以激励，在创新思维上加以引导，更重要的是要鼓励和注重学生在"智"以及在艺术、体育运动技能等方面的多样性和独特性，使促进人的全面发展具有可能性。

在我国，相关调查表明，在高校应届毕业生中，最受欢迎的和最有希望找到理想工作的是那些在实践中善于发现问题和解决问题的人，也就是富有创造精神的全面发展的人才。因此，我们要培养学生的创新能力，充分发挥他们的独创性与创造性，促进他们在思想道德、文化、专业、身心等方面的全面发展。

第三节 大学生创新型人才培养目标的定位

所谓培养目标，是指各级各类学校或专业的具体培养要求或培养人的具体质量规格。高校培养目标主要解决了把大学生培养成什么样的人这样一个根本问题。新中国成立初期，我国高等教育沿袭了苏联的"专才"培养模式，强调按国民经济发展的具体部门和某些地区的具体要求，对口培养精通业务的"专家"，因而专业划分过细过窄，但对专门知识和技能方面的要求比较严格。这种模式培养出来的专才在新中国成立初期曾有力地支持和推动了国民经济的发展。然而，随着科学技术的迅猛发展，专才在发展上受到极大限制，已经不能适应社会的要求。有鉴于此，我国高等教育又逐渐对培养目标进行调整。

近年来，高教理论界在借鉴美国等西方发达国家做法的基础上提出了培养"通才"，这种"通才"比较强调人才的基础性、综合性和适应性。现代大学生要适应未来社会的变化，重要在于拓宽基础，加强知识融通及学习能力、迁移能力的培养，这与接受某一领域内更深、更多的训练并不截然对立。当前更为重要的是，在研究高等教育改革与发展的思路,确定高校培养目标时,要正确处理好基础与专业、知识与能力的关系,从而培养出有利于提高本国综合国力和国际竞争力的高级专门人才。

1998年8月29日通过的《中华人民共和国高等教育法》第五条明确规定高等教育要"培养具有创新精神和实践能力的高级专门人才",这既是高校培养目标顺应新形势进行的调整,同时也表明了培养创新型人才是高校的核心目标。根据这一目标,我国高等教育培养的人才应具备以下基本素质:一是创新精神和意识,即追求创新、推崇创新和乐于创新;二是创新思维和潜能,即具有创造性想象和积极的求异思维,以及具有直觉思维能力、敏锐的观察力、敏捷而持久的记忆力等;三是创新能力和技能,即具有会分析和解决实际问题、能动手操作、能与他人合作等能力,以及具有获取、处理信息与善于捕捉灵感的技能。

值得一提的是,现代高校创新型人才必须是知识、能力、人格协调发展的人才,并且其智力因素与非智力因素也是相辅相成的。

首先,从知识、能力、人格协调发展的方面看,毫无疑问,知识积累是创新的基础,创新离不开知识积累。高校除要求大学生掌握基础、广博的知识外,还必须促使其建立较为合理的知识结构,从而有利于创新活动的开展;能力培养是创新的关键,高校在引导学生掌握丰富的基础理论知识和专业知识的同时,应注重培养学生多方面的能力,尤其是创新能力;健全人格是创新的保证,高校应注重培养大学生树立正确的世界观、人生观和价值观,增强社会主义和集体主义思想,保证其成长的动力和方向,进而培养、激发学生的创新意识和进行创新实践活动。

其次,从智力因素与非智力因素相辅相成的方面看,智力因素主要是一种以脑的神经活动为基础的偏重于认识方面的潜在能力,主要包括记忆力、观察力、思维力等,科学研究表明,高创造力必须具备中等以上的智力因素水平,可见智力因素是高创造力的一个充分条件;非智力因素主要指那些不直接参与认识过程,但又对认识过程起直接制约作用的心理因素,主要包括动机、兴趣、情感、意志、性格等,科学研究表明,非智力因素在创造性活动中起到非常关键的作用。

由此可见,人的创新能力是智力因素与非智力因素共同作用的结果,高校必须既要注重开发学生的智力,又要注重对学生非智力因素的培养,形成二者互动机制,促进创新型人才成长。

第四节　互联网+时代大学生创新能力的培养

一、大学生创新能力概述

（一）大学生创新能力的内涵

1. 创新能力

上文已经对创新做了探讨，那么，究竟什么是创新能力呢？笔者对学界学者们的观点进行综述，发现学者们对创新能力的理解是不尽相同的。但是不同角度的理解却有一个共同之处，就是学者们在论述何为创新能力时，通常的做法是在对创新的内涵、活动、过程等进行描述后加上"能力"二字，即为创新能力的内涵。如有学者指出创新能力是在前人发现或发明的基础上通过自身的努力，创造性地提出新的发现、发明或改进革新方案的能力。毫无疑问，创新能力必然是一种能力，但创新能力包含创新和能力两个概念，对创新有所阐释之后，能力又是什么呢？

"能力"一词是人们熟之又熟的词语，日常生活中人与人的交谈中常常谈及能力。但是当我们从理论的层面追问能力的内涵时，似乎一时难以说清。能力的英文是"ability"，其在词典中的解释为"人们做事的技能水平"。在汉语词典中"能力"的解释是才能和办事的本领。在中国，能力也被作为一个心理学的概念，是顺利地完成某种活动所必需的个性心理特征。这一个性心理特征包含两种含义：一种是实际能力，就是个人在先天遗传的基础上努力学习并在行动上表现出来的能力；另一种是潜能，它是指个人将来可能在行为上表现出来的能力。综合起来理解，能力是指顺利完成某一活动所必需的主观条件，是完成一项目标或任务所体现出来的素质。那么创新能力就是人们实现从无到有、从旧到新的飞跃，最终形成新认识、新知识和新观念、新范式，产生新方式、新事物的素质、本领以及所必需的主观条件，应当包括态度、意识、思维、目的、价值追求等丰富内涵。

2. 大学生创新能力

学生在大学期间所受的教育对其终生的身心发展起着至关重要的作用，但大学阶段也是学生累积学识、完善人格的时期。因此，大学阶段正是创新能力培养的重要阶段。那么，对大学生而言，在学习中表现出的探索精神就是其创新能力，包括存疑的态度、求异的思维，提出新问题、解决新问题的兴趣和能力，以及对已有知识的创造性转化等。具体而言，大学生的创新能力主要是指学生能够将所拥有的知识、技能转化为素养、智慧的能力，是一种"转识成智"的能力，具有自主性、超越性和转化性等特质。

高校开展的创新能力教育的具体内容就是要尊重生命的潜能和创新的规律，激活学生探究的兴趣和创新的精神，培育创造的意识和自由的个性，构建创新的氛围和环境。也就是说，大学生创新能力的培养，并不是直接以产生新思想、发现和创造新事物为培养目标，而是从对学生创新应具备的知识结构、优良品格、创新意识与思维能力等方面的培养入手，提高其创新能力。具体来说，它涵盖如下内容。

第一，尊重生命的潜能和创新的规律。每个人都具有创造性潜能，创新面前人人平等。教育就是要挖掘、尊重、激发、守护学生本身所具有的潜在的创造力、天性。同时，创新本身有其逻辑，不能不尊重创新的逻辑。特别是在教育教学中，不能再简单地沿袭套用知识教育的评价方式，而必须代之以多元激励评价，突出差异性评价和综合性评价，充分发掘每一个学生的潜力，提高他们学习的积极性。同时，教育也不能一味坚持"灌输式"的教学方法，而应发展一种"对话式"的教学方法。

第二，激活探究的兴趣和创新的精神。众所周知，兴趣是最好的老师，要想激发学生创新的意识，首先要培养学生探究的兴趣。从思想观念上说，要扬弃以往中心与边缘、人文科学和自然科学的对立；在课程设置上，要敢于打破专业学科的界限，打破中心内容、核心思想的束缚，在跨学科、开放性和多元化的教学情境中生发创新的精神。

第三，培育创造的意识和自由的个性。大学生创新能力的培养，主要针对的是其从事创新活动应具备的基本素质与知识基础，旨在使学生获得可持续发展的生命动力。所以，创新能力的培养在根本上是人性自身的生成和发展。就此而言，创新思维的培养是大学生自我发展的内在要求，也是自由个性生成的过程。教育不是工厂流水线，所生产的不是千篇一律的产品。培养大学生的创新能力，也不是仅仅培养大学生的创造知识、创新技能，还蕴含着培养大学生的自由个性。自由个性，是人生命的超越维度。如果没有这样一重维度，大学生不可能拥有敏锐的思维、灵动的直觉。

第四，构建创新的氛围和环境。如果创新仅仅停留在口头上、纸面上，而在环境、氛围上无所作为，难免不会扼杀人们创新的积极性和兴趣。创新能力的培养，还有赖于全社会形成鼓励创新、支持创新的氛围和环境。马克思说："人们自己创造自己的历史，但是他们并不是随心所欲地创造，并不是在他们自己所选定的条件下创造，而是在直接碰到的、既定的、从过去承继下来的条件下创造的。"

创新能力的培养，也不能离开其所在的环境和条件，而正是在这一环境和条件下孕育的。良好的环境和条件是培养学生创新能力的重要保障。

（二）大学生创新能力的常见类型

1. 逻辑思考能力

逻辑思考能力与一个人的创新能力有着极为密切的关系。因为无论何种形式的创新，都必须建立在逻辑思维的基础之上。

逻辑思考能力可以为创新提供必要的工具，使学生在创新时能独立判断和推理、有效进行分析与决策，以提高工作效率。

提高逻辑思考能力的途径主要有以下三种。

第一，建立辩证的思维观点。用普遍联系的观点看待问题；用辩证思维的发展观来考虑问题；用全面的思维来解决问题。

第二，掌握科学的思维方法。首先，采取分析和综合方法，在认识中把整体分解为部分，并把部分重新结合成整体。其次，采取归纳与演绎方法，从个别性事实概括出一般性知识，从一般性原理到个别性结论。

第三，培养良好的思维品质。思维品质反映了个体智力或思维水平的差异。良好的思维品质应该是深刻、灵活、独创、批判、敏捷和系统的。

2. 无限想象能力

无限想象能力是创新必不可少的一种能力，可以帮助学生超越已有的知识经验，使思维达到新境界。想象不需要逻辑，但它是创新的火种和出发点，是创新思维的核心能力。想象的常见形式如表 6-1 所示。

表 6-1　想象的常见形式

常见形式	含义
充填式想象	认识了事物的某些组成部分后，依次想象，把不完整的东西补足
组合式想象	将现有的技术、物品、现象等，进行适当的组合或重排，获得具有统一整体功能的新技术、新产品、新形象
纯化式想象	抛开关系不大的某些因素或部分，以构成反映本质的简单化、理想化形象
取代式想象	设身处地，通过揣摩他人的思想感情或事物的具体情景来寻找顺利解决问题的办法
科学幻想	通过幻想各项活动的前景，并设想和预见可能遇到的困难及后果，然后再采取相应的有效行动

3. 换位共情能力

换位共情能力是学生设身处地地认同和理解别人的处境与感情的能力。换位共情能力要求学生站在别人的立场上换位思考，用别人的角度来看待事物，体验他人的感受。

换位共情能力具有以下优点：①换位共情是有想象力的表现；②可以看到不同观点的另一面；③更容易发现问题，真正了解他人需求；④感同身受更容易促进思考、激发创造潜能；⑤为满足他人需求而激发创意，使创新更人性化，更具人情味；⑥使学生树立自我意识，体验他人的喜怒哀乐而不是妄加评论。

培养换位共情能力的方式主要有：利用科学方法测试自己的情商；多学习、多观察、多询问和多尝试。用一句完整的话总结，就是以尊重的态度向他人表达自己的不同见解。

4. 自我超越能力

自我超越能力是指突破极限、自我实现的一种能力。自我超越是一个过程、一种终身的修炼，随时随地要求学生自己改进。自我超越的价值在于学习和创造，不断发展、完善自我，向成功的目标迈进。自我超越的常见形式如表 6-2 所示。

表 6-2　自我超越的常见形式

常见形式	含义
起点超越	对空间的超越
时间超越	对过去和将来的超越
性质超越	对具体事务、具体现象、具体物品等的超越
境界超越	对"有"与"无"的超越以及对"传统"的超越

5. 方法运用能力

方法运用能力是指在解决问题时，学生对创造性方法的寻找、筛选以及实践的能力。创新方法的运用能力是创新能力的一个重要体现。只有不断提高创新方法的运用能力，学生才能以更加高效的方式解决问题，更快地实现既定目标。

学生要想提高创新方法的运用能力，就要清楚创新方法运用的过程（见表6-3）。

表 6-3　创新方法运用的过程

过程	内容
进行问题分析	1. 搜集关于问题的信息。 2. 界定问题的范围。 3. 分析问题可能导致的后果。 4. 分析问题出现的原因
找出创新方法	1. 头脑风暴：让参与者各抒己见，使各种设想在相互碰撞中激发大脑的创造性。 2. 德尔菲法：以书面形式广泛征询专家意见来预测某项专题或某个项目的未来发展
快速展开行动	在实践中逐渐完善创新方法

创新方法只有经过尝试才能不断完善，而尝试是有风险的，很可能会遭遇失败，因此，在运用创新方法时，必须做到坚持不懈。

6. 创新思维能力

创新思维能力心理活动展示，也是一种高级的人类活动。对创新思维能力的培养，需要把握好创新思维。创新思维能够指导人类进行观察、联想和想象，把关目标、动机和方向，最后作用到一个人的创新能力上，影响创新活动。因此，创新思维在很大程度上指导着创新活动，甚至可以说创新思维主导着创新的发生与发展。

创新思维具有以下三个特征。

第一，创新思维具有独立性。创新思维是积极求新的思维过程，这个过程不会受到传统观念的约束，个体能够独立进行思考，积极创造新鲜事物，并且有能力发现新问题，找到新的思路、理论，得到新的解决方案等，这便是具有独创、开拓特性的表现。

第二，创新思维具有灵活性。创新思维是一个动态发展的思维过程，主体可以在不同的思路、不同的情绪之间进行转换，能有意识地调整角度以适应新的实际情况，寻找改善方案。

第三，创新思维具有多样性。在思考问题的时候，创新思维能够使个体全方位、立体化地考虑问题，从不同的角度入手分析原因，积极调动自己多方面的能力，积极从多个方面寻求更多元化的、更具可行性的解决思路。

7. 学习创新能力

学习创新能力是指学生通过对特定对象进行分析和研究来获得新观点、新创意和新成果的能力。学习创新的过程如表6-4所示。

表6-4 学习创新的过程

过程	内容
选择学习对象	1. 一般环境中的学习对象。 2. 行业环境中的学习对象。 3. 以竞争对手为学习对象。 4. 以身边人为学习对象；以客户为学习对象
加工和改造学习对象	1. 感觉系统：从感觉开始认识学习对象。 2. 记忆系统：记忆会留存过去感知的问题和体验。 3. 分析处理系统：用分析、抽象、综合等方法对记忆系统中的信息进行分析和处理
获得创新成果	1. 结果的表现形式是多种多样的，如创新的技术、生产制度、组织结构、环境等。 2. 获得创新成果代表了一个学习创新活动的终结，同时也意味着新的学习创新活动的开始

8. 管理创新能力

管理创新能力是指进入企业的实习生或毕业生创造性地把新的管理方法、管理手段以及管理模式等管理要素引入组织管理系统，并将其转换为有用的产品、服务或作业方法的能力。管理创新包含的内容如表6-5所示。

表6-5 管理创新包含的内容

内容	含义
目标创新	每一个具体的经营目标，都需要适时地根据市场环境、消费需求特点以及变化趋势加以整合
技术创新	包括要素创新与要素组合创新、产品创新
制度创新	分析组织各成员之间关系的调整和变革，并从产权制度、经营制度、管理制度三方面去考虑
组织创新	在不同时期，对企业组织形式进行调整和变革
环境创新	通过积极的创新活动去改造环境，引导环境朝着有利于企业经营的方向发展

对创新者来说，问题意识相当重要。要创新，首先要善于发现问题，管理创新也不例外。要做到管理创新，就需要善于经常性地发现管理工作中存在的问题。

那么怎样运用创新思维发现管理工作中的问题呢？一般有两个要点：一是一定要有批判的眼光；二是合理应用所学到的思维方式。比如，可以从以下两个问题开始：难道只能这样吗？还能做哪些改变？

9. 营销创新能力

营销创新能力就是把创新理论和市场营销有机地结合起来，在产品、定价、渠道和促销上开展改善与革新活动的能力。

在市场营销中，只有不断提升营销创新能力，在营销理念和营销手段上出奇制胜，才能在复杂激烈的市场竞争中脱颖而出。对进入企业的实习生或毕业生而言，应当明确营销创新的方法（见表6-6）。

表6-6 营销创新的方法

方法	内容
产品创新	1. 产品标准创新。 2. 产品品牌创新。 3. 产品服务创新
定价创新	1. 阶段性调整产品的价格。 2. 根据对手动态调整自己的定价。 3. 根据不同地域的市场特征调整定价
渠道创新	1. 渠道设计创新。 2. 渠道管理创新
促销创新	1. 事件营销：借助有影响力的事件提高品牌知名度，强化营销。 2. 柔性营销：调整营销活动来适应并满足个性化需求。 3. 网络营销：在互联网上开展营销活动。 4. 无缺陷营销：产品无缺陷，销售无缺陷，服务无缺陷

10. 服务创新能力

服务创新能力是指通过对服务意识、服务方式进行创新，从而提高服务效率的能力。

服务创新是针对服务活动进行的创新，是贯彻客户导向的服务理念的一个重要方面，通常包括服务意识、服务方式、服务效率等方面。现代企业管理中的5S服务创新理念如表6-7所示。

表 6-7　5S 服务创新理念

理念	含义	具体解释
Smile	适度微笑	发自内心的真诚微笑
Speed	动作迅速	尽量快速工作,不让客户久等
Sincerity	态度诚恳	心怀诚意地服务客户
Smart	精明、整洁、利落	以干净利落的方式接待客户
Study	研究学习	努力研究客户心理,学习客户服务技巧

对进入企业的实习生或毕业生而言,应当明确服务创新的优点,具体阐述如下:①为客户提供优质的服务,提高服务品质;②满足客户的新需求;③使服务适应现代社会的要求,推陈出新;④改善企业内部流程和企业与客户的关系;⑤形成核心竞争力,促进企业发展。

(三)大学生创新能力的影响因素

1. 社会传统

(1)社会氛围

第一,人们对创新的错误观念。有些人对创新存在错误的认识。有人认为,创新是天才、科学巨人、专家学者等极少数有天赋的人才能胜任的事;有人认为,外国人擅于创新,中国人生来就不擅长创新;还有人认为别人能创新,自己不能创新;等等。这种对创新的错误认识,抑制了个体的自信心,窒息了个体的创新能力,进而抑制了群体的自信心,窒息了群体的创新能力。

第二,现行教育模式的弊端。一方面,现行教育模式强调全方位的基础性训练,希望以按部就班的程序教育出全面发展的好学生;另一方面,在大学选拔时却很容易让学校和学生当机立断,只关注当下的成绩,一考定终身。这就形成了一个矛盾,一个各方面表现优秀的学生很可能因为一次考试失败而受挫,而一个表现得并不怎么优秀的学生却可能因为一次考试翻了身。

(2)传统文化

我国传统文化博大精深,但对大学生创新能力的培养存在不容忽视的影响。

第一,儒家伦理的崇古意识。在儒家伦理的长期熏陶下,儒家的伦理规范在日常生活中潜移默化地融入人们的心灵深处,积淀成为一种自觉的内心情感。这种儒家伦理的心理形式的一个显著特点就是,在时间坐标上执迷于昔日的光荣,典型地表现为崇古意识。

第二，儒家中庸之道的思维方式。中国传统文化深受儒家思想的影响，儒家的中和思维发展成为中华民族思维方式的特殊形式。所谓中和思维，是指传统文化中认识和解决问题所采取的不偏不倚、执中适度的思维方法。中和思维方式集中体现在儒家的"中庸之道"中。"中庸"即"中道""中行"，意为无"过"与"不及"，注重适度、恰当、不偏不倚，以此实现中和，达到和谐的境界。从佛教哲学的角度来看，中和思维也就是佛教中的"中道"。佛教哲学认为，"断见"和"常见"都只偏重一方，因此必须离开两边而执中道。这实际上也体现了执两用中的中和思维。

第三，安身立命的文化形态。一个社会文化形态对人的思维方式、行为方式有十分重要的影响。我国长期封建专制的文化形态对人的影响是根深蒂固的，如"枪打出头鸟""不求有功，但求无过""与世无争，知足常乐""木秀于林，风必摧之""法不责众"等，都反映了封建专制的克己隐忍、明哲保身的文化形态。这种安身立命的知足生活态度，在造就中国人深沉的内在修养和崇高的气节的同时，也阻碍了中国人探索创新和向前追求的精神。

2. 教育价值观

教育价值观一般认为是在当时的历史条件下，当教育和自身利益之间的关系相对清晰，个人主体或社会主体会形成的一个稳定的看法。教育价值观是认识活动的导向，是实践活动的推动，也是管理制度的依据。教育是国家政治发展、经济发展和文化发展的重要方面，因此，其出发点是国家利益，而教育价值观则受到社会发展的主导，是个体和国家之间的纽带，影响着大学生创新能力培养的关系。在学校中，当学校和学生是被动关系时，学校成了传授者，学生则成了接受知识的被动接受者，不需要主动学习、自我探索，那么培养便是校方的任务，学生便没有了主体地位。如果学校和学生是合作关系，那么两者的目的和目标都不同于被动关系，校方不仅要进行知识传授，还要培养学生获得知识的能力，授人以鱼同时授人以渔；学生不再是被动接受，这就需要他们能够调整自己的学习目的，探寻学会知识的方式，提高自己的效率，这个过程就会提高学生的主观能动性。随着关系的变化，学生自我学习、自我探索的主观能动性提高，实践机会增多，才能有发现新问题、表达新思想的机会，创新能力才能有所锻炼。

3. 智力和非智力因素

一般认为，人的创新能力与三方面因素直接相关：一是知识因素，即某一领域和相关领域的知识和经验。没有这个前提，就很难在某一领域有所创新。知识与经验是创新能力中不可缺少的信息源。创新能力的知识因素是各门学科所要解决的问题，也是高等教育的主要任务之一。二是智力因素。三是非智力因素，或称创造力倾向，指的是人的性格特征。一般来说，个性特征明显、善于提出问题、敢于冒险、富于挑战性、想象力丰富的人更具有创新能力。

（1）智力因素

第一，智力的含义。古今中外不同的专家、学者，对智力的理解很不一致。美国著名心理学家吉尔福德根据智力结构模式图，把智力定义为：智力是用各种形式对不同种类的信息进行加工的能力或功能的系统组合。智力是指人的认识能力，可以把智力理解为人认识问题、理解问题和解决问题的一般能力，包括记忆力、观察力、思维力等因素。

第二，智力与创新能力的关系。智力与创新能力之间是一种单向但不成正比的关系。主要表现为：智力水平低的人，其创新能力是弱的；智力水平高的人，其创新能力不一定强；创新能力弱的人，其智力水平有高有低；创新能力强的人，其智力水平则较高。概言之，智力水平高是创新能力强的一个必要条件，但仅仅是必要条件而不是充分条件。因此，存在着许多创新潜能没有得到开发和发挥的人。

记忆力是智力的重要表现。记忆是认识提高的途径，是知识形成的条件，是思维发展的基础，是创新的前提。人们在先天记忆力的基础上，可以通过后天培训锻炼来掌握记忆技巧，并运用列表法、图像法、联想法等科学的记忆方法，使记忆效果事半功倍。

观察力是创新能力的必备因素，在一定程度上反映一个人创新能力的强弱，是主体在观察活动中的智力体现。浓厚的观察兴趣、科学的观察方法和良好的观察习惯，可以通过反复的实践活动训练和培养得到。

创新思维是创新能力体现和发展的关键因素，是创新型人才必须具备的思维品质。创新思维是多种思维方式相互作用的过程，是全方位、立体性的综合性思维活动，是多种思维方法、思维形式和思维过程有机结合的产物。在创新思维方法上，既要有逻辑思维，也要有形象思维；在思维的形式上，既要有发散思维，也要有收敛思维；既要有求异思维，也要有求同思维；在思维过程中，要不断地综合、分析、比较、概括和推理。只有这样，才能正确认识事物的本质和规律，才能培养和发展创新能力，才可能卓有成效地产生创新性成果。

（2）非智力因素

非智力因素是一个人具有一定倾向性的心理特征的人格因素的总和。非智力因素主要包括好奇心、冒险精神、意志力、责任感等人格品质。非智力因素在创新能力的发挥中起着动力、定向、激励、维持、强化等重要作用。创新过程是智力因素与非智力因素相结合的过程，非智力因素能够加速或延缓创新过程，影响创新能力的水平，决定创新活动的成效。

创新的非智力因素障碍在个性品质上的主要表现为胆怯、自卑、怠惰、宿命论、好高骛远和疲倦感等。

创新的非智力因素障碍在个性行为上的主要表现为循规蹈矩、墨守成规，唯书唯上、迷信权威，人云亦云、满足现状，先入为主、只进不退，逻辑至上、生怕越轨等。

创新能力强的学生往往具有一些共同的非智力因素行为特征：具有较强的好奇心，不断地提问，思维和行为的独立性强，个人主义，想象力丰富，不过多依赖集体的意志，主意多，喜欢做试验，顽强、坚韧，富于幻想等。此外，创新能力高者具有四种主要特质，即丰富的想象力、充分的好奇心、强烈的挑战性和高度的冒险性。

心理学研究表明，在智力水平相近的情况下，非智力因素在创新能力的发挥中将起到关键作用，主要表现在以下几个方面。

第一，想象力。包括视觉化和建立心像，幻想尚未发生过的事情，直觉地推测，能够超越感官及现象的界限。丰富的想象力能够推动创新，使创新活动实现从"山重水复疑无路"到"柳暗花明又一村"的飞跃。

第二，好奇心。非智力因素中的好奇心，是创新的力量源泉。当一个人对某种事物产生浓厚的好奇心和稳定的兴趣时，能激发他积极地思索、大胆地探求事物的本质，使他勇于创新、乐于创新。

第三，挑战性。包括寻找各种可能性，了解事物的可能性与现实性之间的差距，能够从杂乱中理出头绪，愿意探究复杂的问题。有创新能力的人敢于标新立异，提出新见解、新观点，采用逆向思维，用否定的眼光对待传统的思维定式，挑战权威。

第四，冒险性。"世上本没有路，走的人多了自然就成了路"，创新就是"走别人没有走过的路"，是一项艰苦的探索、追求活动，需要有高度的冒险性和顽强的意志力来维持。创新的成效，在很大程度上取决于个人冒险性和意志力的强弱。

这四个非智力因素综合起来，人就具有了创新的倾向。

4.创新教育的培养环境

创新思维、创新意识的产生需要一个良好的环境,这就需要环境能够不限制思想的成长,不禁锢思维的逻辑,因此,创新能力需要自由的环境。在一定程度上可以认为,良好的、自由的创新能力的培养环境是激发创新能力的条件,离开了这种环境,创新能力的培养就无从说起。

(1)学校环境

高校的学校环境是学校精神的主要载体,而学校精神是经过长年累月的积累和总结,在继承前人思想的基础上,总结和发扬光大的学术和教育的理念集合,这样的思想影响着每一届学生。例如,哈佛大学产生了很多政要和诺贝尔奖得主,这有赖于它的学校环境的影响。哈佛大学注重学术自由和知识的内在价值,强调潜力的激发,进而增强了学生的创新能力。因此,良好的校园环境是学校精神的体现,学校的培养目标、培养思路在这个环节中得到良好的渗透,能够潜移默化地影响学生的创新能力。

(2)社会环境

人是社会的产物,只有在社会环境中才得以存在和发展;社会环境时时发挥着育人的功能,处处发挥着育人的功能。社会环境对培养大学生的创新能力有着促进作用,也有阻碍效果。一方面,良好的社会环境是大学生创新的正向导向,因为其可以提供良好的平台支撑,免去大学生的后顾之忧,并且良好的保障措施能够维护大学生的权益,最终营造良好的创新氛围。另一方面,创新也离不开社会环境的支撑,其本身取向和范围是建立在社会发展的基础上的,因此也会受到一定的制约,如受到社会现有环境和环境变化的制约。创新能力培养的效果又影响着创新教育的社会环境发展的水平和质量,影响创新的持续性。概言之,创新能力的培养与良好的社会环境是不可分割的。

5.培养资源

(1)教学资源

课堂教学是教育的最主要阵地,也是培养学生创新能力的关键要素之一。具备良好的教学氛围,才可以在日常教学过程中引导学生产生创新的想法,进而提高他们的创新能力。在这个环节中,教师资源发挥着关键作用,因为课堂教学的主导者是教师,他们的教育方法在很大程度上决定着人才培养的成效。除了教师资源,良好的学科结构有助于学生构建健全的学科知识背景和综合素质条件,综合化的课程体系也能帮助学生了解各个学科的不同特征,更好地开拓思维,这就为创新的产生提供了条件。

在评价学习效果的方式上，部分高校采用对知识掌握程度的测试来评估学生的学习效果，这种应试思维最终影响着创新能力的培养。因此，良好的评估方式需要建立更为科学的、更具开放性的评价机制，从看成绩说话转变为对学生的兴趣因素和个性因素的把关，这对激发学生的创新意识、创新精神和提高创新思维能力都有作用。

（2）实践平台

为创新能力建设提供一个创新实践平台非常重要。在创新实践平台的帮助下，学生可以进行创新活动的锻炼，这有助于提高学生的创新实践能力；在实践过程中，自然会涉及团队合作和学术交流，这在一定程度上有助于学生获取更多的思路，进而提升自己的创新思维能力；学生在解决问题的同时，自然进行了创新知识的积累，也锻炼了创新学习能力。因此，创新实践平台影响着学生创新能力的培养，不仅发挥着载体的作用，还能综合训练，提高学生创新能力的方方面面。

二、大学生创新能力培养的主要方法

创新其实就是一个发现问题、构思创意、解决问题的过程，培养一个人的创新能力应从这三个方面入手。

（一）学会发现问题

善于发现问题是科学精神的重要表现。人类历史表明，科学发现和技术发明都始于问题的发现，都出自带着发现的问题进行观察、思考。只有问题才能激发学生的好奇心，从而激发学生科学探索和技术研究的兴趣。

（二）随时构思创意

每一次成功的背后，都有"另辟蹊径"的创意，它是解决问题的"加速器"。如今，创意在社会生活，尤其是市场经济中的地位愈加突出，遍布经济领域的每一个角落，成为一个人，尤其是学生取得成功的重要因素。

（三）善于解决问题

创新始于问题的提出、创意的出现，终于问题的解决。创新要把研究和解决问题作为创新的出发点和落脚点，只有创意得到实施、问题得到解决，才能实现创新的价值。问题的解决有流程、有方法，只有掌握了解决问题的流程与方法，创新的成果才更容易出现。

当问题出现后，要对问题的属性、影响、规模、现状及解决问题所需的时间和资源进行全面了解，并直接或对照以往经验对问题进行描述。对解决问题的价值和意义进行评估,然后决定是回避这个问题还是要解决它,并预期要达成的目标。

三、互联网+时代大学生创新能力的培养路径

(一)积极促进大学生创新能力培养的规范化

1. 帮助大学生找到专业知识创新的立足点

大学生创新能力培养应该引导大学生认识专业知识与社会生产的联系与应用交集。大学生创新能力培养包括的一个重要方面就是,发现专业知识的可应用领域,无论是现有知识对生产环节的促进,还是专业知识前沿的最新发现的生产化应用,都属于大学生创新能力培养的组成部分。

帮助大学生形成正确的创新思维和实践习惯,培养其可以正确区分符合实际社会需求的科技创新与脱离社会实际需求的无效创新的能力,使其正确把握创新实践的发展方向。

2. 强化大学生创新能力培养的专业性

打通专业理论与大学生创新能力培养的通道,解决好专业抽象理论对大学生创新能力发展可能造成的不利影响,摆脱经院哲学式的空洞的脱离实际的理论研究和形式主义的创新教育,从体现专业知识理论价值和社会价值相统一的角度加强对大学生创新能力的培养,把大学生创新能力培养聚焦于科技发展制约瓶颈的现实问题的解决和突破上,聚焦于突破科技封锁上,聚焦于满足广大人民群众对幸福生活的美好需求上。既要解决利于大学生创新能力培养的专业基础知识的牢固掌握的问题,又要解决利于大学生创新能力培养的专业最高最新知识的掌握的问题,还要解决好大学生创新成果的所有权和使用权问题与获益收益问题等。

把大学生创新能力培养的专业教育与大学生思想政治教育紧密结合,通过大学生创新能力培养使大学生能够以端正的态度在服务社会的过程中自如掌握、自如驾驭创新创业能力。在大学生创新能力的培养过程中让大学生掌握打通不同学科和行业科技壁垒的能力,从而具有多专业、多行业交叉创新的能力。

3. 提升大学生创新能力培养的实践成效

大学生创新能力培养的实践成效既体现与检验教育价值,又体现其社会实用价值。卓有成效的实践为大学生创新能力培养提供可付诸实际的机会的同时,验证了教育成果成效,也检验了大学生创新能力的水平与状态。

对大学生而言,参与学术科研活动和社会实践活动都是提高创新能力的重要

而有效的途径。创新实践活动对于大学生创新能力的培养，发挥着开启大学生最直接的创新灵感获得过程的体会与认识作用，是创新活动与社会实践的对接过程。通过参与实践创新活动，大学生可以不断提升自身的创新能力。大学生有多种参与社会实践的方式，如实习工作、社会调查、参观学习、社区活动、志愿服务等，都可以通过对在社会实践中遇到的问题的认识分析和解决，提高对创新的不确定性、偶然性的认识和把握能力。

高校应在社会创新实践的过程中促进大学生敏锐的观察力、丰富的想象力、独特而活跃的思维力等能力的发展，使大学生不断检验自己的理论背景、学习能力和思维能力水平，提升个性化综合实践能力和创新意识，锻炼基于创新视角的发现问题、解决问题的能力，从而不断提升大学生创新能力培养的实践成效。

（二）积极倡导创新文化，营造良好社会软环境

1.增强创新文化的引领作用

大学生的创新能力培养不仅是高校内部，或者说教育系统内部就可以独立解决的，它必然受到社会环境的影响。今天，无论是国际社会还是我国都将创新置于发展的战略地位。尤其是党的十八大以来，习近平总书记在多个场合发表讲话，提出一系列关于创新的重要思想和指示。

党的十八届五中全会提出的"五大发展理念"中的首要理念就是"创新发展"。可以说，整个社会对创新、创新能力的重视程度是前所未有的，但是创新还没有在全社会蔚然成风。这就需要继续增强创新文化的引领作用。创新文化是指与创新相关的能激励创新的文化，包括与创新有关的价值观、态度、信念等人文精神的创新观念文化和有助于创新的制度、规范等人文环境的创新制度文化。

增强创新文化的引领作用，就是要广泛发扬创新精神。创新文化最根本、最核心的就是创新精神，因此，要大力提倡敢于创新、敢为人先、敢冒风险的精神。生活在现代社会中的每一个人都应当具备创新精神。如果创新精神在全社会范围内得到充分弘扬，那么高校的创新教育也必然处于适宜开展的状态。增强创新文化的引领作用，就是要为创新营造良好的社会氛围。社会的文化氛围直接影响创新的效果。如果整个社会的价值取向趋向于因循守旧、故步自封，必将扼杀创新的萌芽，阻碍创新发展。因此，整个社会要营造良好的创新环境，社会气氛既能够鼓励人们激发创新的勇气，亦能包容创新中的失败，方能激发人们的创新潜能，生发创新活力。

2. 强化激励创新的制度保障

完善创新机制，提供鼓励科技人员创新、支持科技人员实现创新的有利条件是创新文化发展的必要软环境与重要保障。在全国科技创新大会上，习近平总书记指出"科技创新、制度创新要协同发挥作用，两个轮子一起转。"创新的有无，以及创新的发展程度，归根结底要是通过创新者来实现，因此，创新者的积极性、主动性至关重要。所以要建立科学有效的激励机制，充分调动和激发企业、高等院校、科研院所、广大科技工作者以及企业一线员工等全社会的创新积极性。

近些年来，从中央到地方，先后发布了多项关于支持、鼓励创新的意见、计划。其中，有的是对创新重要战略地位的强调，如国务院办公厅发布的《关于优化学术环境的指导意见》中，基本原则的第一项内容就是坚持创新导向；有的是关于具体创新实践活动的指导性方针政策，如国务院及各省关于推进大众创业、万众创新的政策、措施或意见；有的是具体的管理条例和办法，如创新基金项目管理办法等。这些政策、条例的发布在建设全社会的创新软环境方面已经发挥了成效。但是这些意见、办法还没有建立起长久有效的机制。因此，在建立健全激励创新制度上还需要下大力气，才能充分激发创新者的创新活力和积极性。如完善知识产权制度，就能够很好地解决科技创新成果转化为生产力之后的问题，使创新者在市场经济下没有后顾之忧，从而激发全社会的创新热情，更好地支撑创新驱动发展。因此，要在政策、制度、财税、金融、人才等多方面配套改革、整体联动，形成激励创新、充满活力的制度安排，引导和调动各行各业的从业人员积极开展技术创新活动。

3. 优化创新型人才的评价标准

要营造有利于创新的软环境，不仅要大力弘扬创新文化、创新精神，强化激励创新的制度保障，更应注重培育符合创新发展要求的人才队伍。因为人才是创新的主体，是创新的根基。这就需要尊重创新型人才培育和成长规律，不能用死板的制度对其强加约束。

总体来看，当前的人才评价机制仍然是"行政评价式"的，这样的评价机制，一是评价指标过于量化，二是评价时效性明确。但是创新性的工作往往并不是可以预先制订出详细的计划，按部就班执行就可以获得创新成果的；而且，创新性的工作通常是个性化的，不能一概以统一具体的细则机械地进行评价。因此，需要优化现行的人才评价标准，突出创新导向。

一是评价标准要从重形式转向重内容，要根据不同类型的人才特点分类评价，打破所有人才评价先以学历学位、职称资历、外语水平、计算机能力等为量化标准的限制；二是评价标准要从重数量转向重质量，在人才评价上不以项目、论文、专利等显性成果为唯一指标，要更加注重人才的实际工作业绩、贡献、创新能力与担当；三是评价标准要从重短期转向重长远，可以适当延长考评周期，简化各类评价流程，包括各类项目的申报、评审、结项等环节，在评价流程设置上要更科学合理。

总的来说，人才评价机制的设置应该以有利于创新型人才的培养为导向，应该将"物化"的评价标准优化为以人为本的评价标准，最大限度地保障创新型人才的利益，充分调动创新型人才的积极性。

（三）深化高等教育改革，加强创新能力培养

教育部在《创业教育试点工作座谈会纪要》中曾指出："高等学校一方面要不断提高人才培养的质量和社会适应性，同时也要加强对学生的创新意识、创新精神和创业能力的培养。"大学生的学习场域就是高校，大学生最先接触的是学校，最常接触的也是学校，长期浸润其中，学校的环境、氛围、校风必然对大学生产生深远的影响。一所学校具有何种历史传统、文化底蕴、学习风气，贯彻何种教育理念，坚持何种教育模式，不仅直接关系到大学生的日常学习与生活，更深层地影响着学生的综合素质与精神生活状态。

1. 转变教育思想观念

构建科学合理的大学生创新能力培养模式，要求社会各界、高校、教师、学生必须提高思想认识与转变教育观念，树立创新能力培养观念，遵循以人为本的教育教学规律，遵循整体性与主体性的大学生创新能力培养原则。

（1）树立创新能力培养观念

高校构建大学生创新能力培养模式必须贯彻党的教育方针，从实际出发，客观分析学校现有的办学条件，紧密联系高等教育发展的要求，注重培养大学生学习知识、运用知识、分析判断、创造知识、整合知识的能力，着力提高大学生的创新能力。

优化大学生创新能力培养模式，需要转变教育思想观念，树立新的大学生创新能力培养观念。对大学生创新能力的培养不求高精尖但求适应广，不求面面俱强但求有特色，能够适应社会、经济发展的需要，能够在某些方面有突出的创新能力。

创新是一个民族的灵魂，是一个国家兴旺发达的不竭动力。国家应该把培养

大学生的创新能力提升到关系国家竞争力、民族存亡的高度。政府需要制定相应的政策，设立专项资金扶持高校培养大学生的创新能力。培养大学生的创新能力需要得到全社会的支持，所以社会各界都应该树立创新能力培养的观念，营造创新型社会氛围，鼓励和支持高校对大学生创新能力的培养。

教育部门须注重培养和提高大学生的创新能力，制定相应的扶持政策，注入专项资金，扶持高校培养大学生的创新能力。高校应站在社会、经济、科技发展前列，既清楚当前社会、经济发展需要什么样的创新型人才，也要敏锐地预测未来社会、经济、科技变化发展对大学生创新能力的要求。社会、经济、科技不断地变化、发展，对大学生创新能力的要求也在不断改变，不同的阶段、时期对大学生创新能力的要求也不同，因此，高校对大学生创新能力的培养必须不断采取不同的应对措施，制订出不同的培养方案。高校应结合时代特征着眼培养既有扎实理论基础，又有较强实践创新能力，既有求真务实精神，又能善于解决实际问题的创新型人才；注重对大学生综合素质与创新能力的培养，强调实践创新能力的训练，树立知识、能力、素质协调发展的教育培养观。

除了国家、社会、政府、教育部门、高校需树立创新能力培养观外，教师和学生也应该树立创新能力培养观。教师需遵循"因材施教"的培养观念，根据学生的个性特征，改变传统的培养方法，以培养大学生的创新能力为目的。学生需认识到创新能力是自身综合素质的重要组成部分，需学会获取前沿知识，灵活运用知识、整合知识、创造知识，培养自身的学习、运用、判断、整合、创造等能力，进而提高自身的创新能力。

（2）遵循以人为本的教育教学规律

以人为本强调人在社会历史发展中的主体作用与地位，它是一种价值取向，强调尊重人、解放人、依靠人和为了人；它是一种思维方式，就是在分析和解决一切问题时，既要坚持历史的尺度，也要坚持人的尺度。以人为本体现在大学生创新能力培养上，就是学生自主学习的主体作用的发挥，即高等教育的教育、教学与科研都要坚持以学生为本，培养学生的主观能动性，即学生自由学习的主体性的凸显。

高校培养大学生的创新能力必须遵循以人为本的教育教学规律，结合学校实际和社会需求，制订切实可行的大学生创新能力培养方案。高校要根据大学生的特点，注重其知识、能力、素质的协调发展，坚持培养过程的阶段性和连续性的统一，实事求是，按教育教学规律培养大学生的创新能力。

此外，还要坚持因材施教的原则。由于教育背景，学生自身的学习经历、动手能力等不同，大学生之间必然存在个体差异。因此，大学生创新能力培养模式应根据学生之间存在的差异性，做到有的放矢，按需施教，因材施教，重视发展学生的个性及创新潜能，尊重学生学习的主体地位，充分调动大学生的主观能动性，把社会、经济、科技发展的客观要求转化为大学生的主观需要。

以人为本的创新教育理念，应贯穿学校的办学理念、办学方向，应面向全体师生。素质教育以提高全民族素质为宗旨，以提高全体学生基本素质为根本宗旨。素质教育是永恒的主题。因地制宜才是最好的教育，教育需要实事求是，模仿教育出不了"诺贝尔"，创造就在身边，重视结果更重视过程。以人为本的创新教育，是贯彻落实素质教育的根本途径。要提高全民素质，就在于把人放在第一位，提升人的潜能，充分发挥人的创造性、创新意识和创造精神。创新教育能挖掘教师和学生更深层次的潜能，能充分发挥他们的创造性、创新意识和创造精神，使学生健康地成长，使教师更好地完成教学任务。

总之，高校要坚持从实际出发，客观分析学校现有的办学条件，紧密联系高等教育发展的要求，以学生为本，以社会、经济、科技发展变化为导向，以培养、提升大学生的创新能力为目标，注重培养大学生学习知识、运用知识、整合知识、创造知识的创新能力。在培养目标、培养途径等方面体现对大学生创新能力的培养，着力提高大学生的创新能力。以此为据，高校要对大学生的创新能力进行科学、准确的定位，确立大学生创新能力培养目标，制订新的适应社会、经济、科技发展要求的大学生创新能力培养方案，构建大学生创新能力培养模式。

2. 完善创新教育体系

合理的教育制度设置、科学的教育内容安排是教育理念得以贯彻的具体实施。高校应将注重创新教育的理念融入大学教育的全过程，由课内到课外，从课程体系的设置到奖励机制的完善，再到整个学校的风气与环境，都对大学生创新能力的培养有着至关重要的影响。

在课程设置方面，对大学生创新能力的培养，不是仅仅直接以创新为对象，教给学生创新的知识与技能就能实现的，它是以学生的理论背景和对各类知识的整合为基础的。因此，高校在课程设置上应充分考虑建设有利于培养创新型人才的课程体系。高校应科学配置专业课、公共基础课和选修课的比例，充分拓宽学生的知识面；打破专业之间的壁垒，增进学科之间的渗透，广泛设置课程，以培养个性化的创新型人才。此外，高校应开设有关创新理论、创新知识、技能和实践等方面的课程。如现在许多高校已经开设了"创新思维课程""创新能力训练课程"等，在这类课程中，通过理论教学、案例分析以及实践性训练与指导等教学方式，帮助学生在理论上了解创新能力的含义及其影响因素，在意识上明确创新能力之于当代大学生的重要意义，在实践上切实训练、提高大学生的创新能力。高校只有在课程系统内，有规划、合理地设置创新思维课程，贯彻培养学生创新思维能力的教育理念，才能通过教育教学使学生掌握创新的相关知识，激发学生的创新兴趣，培养学生思维的灵活性、多向性、求异性，使学生积极地、有意识地参与创新活动。

这样就需要学分制的具体落实，当前许多综合性大学都实行了学分制，但是专业课、必修课、毕业论文、毕业实习等都是统一安排的。而在创新教育的理念下，应提高学生按需选课的自由度，正确引导学生选择适合自己的课程，以形成自己的知识体系。既充分尊重学生的个性，又实现了因材施教。同时，高校应鼓励学生积极参加大学生创新项目、互联网＋大学生创新创业大赛等创新活动。互联网＋大学生创新创业大赛是由教育部主办的活动，在参与过程中，按照大赛主办方的参赛要求，所有参赛的大学生团队成员在项目选题、筹备、建设、注册和项目运行过程中，都能够真刀真枪地参与到项目从无到有的全部过程中，在新的互联网时代的背景下，进行生产、学习、科学研究、实践运动的系统性工作，这无疑会真实地、最大限度地激发大学生自身的创新能力。

高校应将创新活动纳入大学生的评价体系，制定行之有效的科研创新、实践创新的评价机制，如申请、评审、考核、评价等运作机制，经费的支持机制，成果奖励的机制等。高校要注重这些机制的科学性、合理性和可行性，使其真正成为可实施的考量标准，实际地发挥测评、考核、奖励功效。

在校园的人文环境建设方面，高校应当营造学术自由的良好氛围。创新能力培养需要的就是"不唯上，不唯书，不唯权威，不唯潮流""敢为天下先"的勇气，故此，高校应该不仅能够容忍，而且鼓励、培养大学生进行学术质疑、科学怀疑和理性批判的精神。

教师和学生之间也应形成良性关系，能够平等地进行思想交流，使学生在与教师的良性互动中丰富学识、完善人格。既要对学术不端行为和急躁、功利的不良学术倾向坚决地抵制,更要维护严谨诚信、积极向上、民主自由的良好学术风气。

3. 采用创新教学方法和手段

科学先进的教学手段，也是提高教学质量的保证。例如，大学教师可以加强对探究式教学的探索，让学生参与到教学中来，改变原有的以教师为主体的教学理念，采用谈论、启发等手段激发学生的参与热情，在教学过程中使用多种教学方法。

(1)采用探究式教学方法

探究式教学方法是指在教学时,由教师先根据教学内容选择和确定研究主题,在教学中创设一种类似于学术研究的问题情境,让学生通过阅读、观察、实验等途径去发现问题,运用调查、信息搜集与处理、试验、操作等方法,讨论与交流等探索活动去解决问题,并获得知识、技能、情感与态度的发展,尤其是探索精神和创新能力的发展的一种教学方法。探究式教学的特征是以问题为起点、以假设为核心、以合作为师生和生生相互作用的方式。

因此,探究式教学对于开发大学生的好奇心和求知欲起着极大的作用,可以有效地开发大学生的创新个性,有利于培养大学生求知验证的学习精神,同时有利于团队之间的合作,培养大学生的团队合作精神。

在实际的教学过程中,教师需要从直观的专业知识开始,引导学生通过认识、自身思考、叙述、实验或动手创造的方式来实现探究式教学,发挥教师在教学过程中的研究意识,调动学生的探究式学习意识。教师要注重发挥自身的主观性,凸显自身的主导地位的同时,凸显学生的主体地位,将"灌输式"的教育模式变成启发式的教育模式,引导学生在接受新知识的同时进行独立思考,树立"授人以鱼,不如授之以渔"的教学思想。在教师的辅导下,以学生自身的学习为重点,强调自主学习,对实际问题进行探究式的学习。

(2)采用教与学双向互动教学法

教与学是大学生创新能力培养过程中的基本关系,教与学双向互动教学法是公开教学大纲、明确学习目的、突出学习重点、选择多样学习方法、开阔教学思维,出现问题由教师和学生共同解决的新型教学过程,是教师与学生双方互动的教学方法。

大学生要在课堂上与教师进行积极的互动配合,不断推进自身的个性发展和良好人际关系的维护,形成同学之间良好的群体凝聚力和团结合作的学习气氛。教师在采用教与学双向互动教学法的同时,应突破传统教书方法的束缚,将大学生摆在教学主体的位置,平等地对其进行教育和辅导,将自己的专业知识传授给学生,培养大学生的综合创新能力。

教师与学生可以在课堂、网络以及实验室之间建立一个互动的平台,定期进行师生对话,利用有限的教学资源,完善教学方法,培养大学生的综合创新能力,优化现有培养模式,提高大学生综合知识的运用能力。

(3)运用现代教育技术手段

现代教育技术的运用就是将信息技术与专业课程进行有机的结合,创造出理想的学习环境，推动大学生创造性地自主学习和探索发现，丰富交互模式，在此基础上不断实现全新的学习方式。教师应运用现代教育技术手段，利用表格、图形和影像、音频等丰富教学内容，使教学更生动直观有趣，进一步培养大学生的创新能力。

目前，教师可以将课程中的相关电子教案和表格、图书等可见资源上传到网络中，学生通过相关网页可以提前知晓课程内容，打破了以往学习时空的局限，为学生自主学习创造了更为有利的条件。同时，教师也可以通过在线教学的方式，提高自身的知识深度。

第五节　互联网+时代大学生创新型人才的品格塑造

一、大学生创新型人才的品格

创新品格，是指创新型人才具有的独特的创新个性心理特征，如对创新的现实态度、对创新的意志表现、对创新的情绪特征以及对创新的理智行为等。创新品格是创新活动的动力机制，任何创新活动都受到人格因素的极大制约。大学生要想成为有造诣的创新型人才，必须注重发展自己的非智力因素，培养与创新素质匹配的良好的个性品质。

（一）科学的世界观

近现代发展史表明，凡是有成就的科学家，大多自觉或不自觉地具备科学的世界观和方法论。恩格斯曾深刻地指出："如果有了对辩证思维规律的领会进而去了解那些事实的辩证性质，就可以比较容易地达到这种认识。"

事实也证明，世界观和方法论对于科技人才事业的成功，往往起着决定性的作用。牛顿前半生研究自然科学，自发地倾向于唯物主义，因而在经典力学以及微积分等方面获得了卓越的成就，而他在后半生陷入神学迷雾，企图证明上帝的存在，耗时25年却一事无成。

（二）满腔热忱的态度

一个满腔热忱的人，会认为自己的工作是一项神圣的天职，并怀着浓厚的兴趣。满腔热忱的人，不论遇到什么困难或需要付出多少努力，始终会以不急不躁的态度坚持不懈地奋斗。创新离不开热忱，缺少热忱，创新就显得苍白、没有活力，创新能力和其他能力就不容易发挥出来。

热忱还是一种意识状态，能够鼓舞及激励一个人对创新执着地采取行动，并且具有感染性，使所有和他有过接触的人也受到影响。热忱是创新的主要推动力，把热忱与创新结合在一起，创新将不会感到很辛苦或单调。热忱会使人的整个身体充满活力，而且不会觉得疲倦。可以相信，如果能够发挥热忱的力量，即使是普通人也能创造奇迹。

（三）集中专注的精神

任何创新都需要长期的准备性劳动。创新思想不是凭空产生的，而是来自艰苦的工作、学习和实践。集中全部注意力，保持思索问题的最佳状态，这是创新过程的关键。一个人专注于某一项事业，就一定会做出使自己都感到吃惊的成绩来。

大多数人在做一件事时，大脑里都会想着其他的事。我们不会完全集中于此时此刻所做的事上，我们的头脑每时每刻都在进行着交谈以及拥有各式各样的意识流。这些令人分散注意力的想法，使人难以集中精力做好工作。因此，必须清除头脑中分散注意力的想法，使思维完全进入当前的工作状态，把注意力高度集中于当前所做的事情上。一旦你感到集中精力有困难，不能清晰地思考时，或是墨守成规、困扰不安时，或是无法排除头脑中的忧虑或担心时，或是想从一项任务中得到解脱而进入另一项任务时，或是为专攻一件小事而做大量无用功且至今尚未完成最重要的部分时，你必须采取明智的行动：在一天中经常使大脑得到短暂的休息；把注意力集中在某个具体、令人愉快、平静的事物上。这样一来，你会高兴地发现，自己已经拥有清晰的头脑。以放松和沉着的态度、饱满的精力去思考问题，创新会变得更有效率、更富有成效。

（四）好奇探究的心境

好奇心是一个人拥有创新能力最基础的条件。创新，最重要的是好奇，对基本的、大自然的现象有很强的好奇心。有了好奇心才会去探索、去学习，慢慢就会成功；有了好奇心才会有创造力。按爱因斯坦的说法，是"神圣的好奇心"带他走入了物理科学世界。好奇心是人与生俱来的。但随着年龄的增长、社会习俗的影响和功利心的滋长，人们的好奇心却在逐渐减弱，以至于见怪不怪，习焉不察。爱因斯坦的过人之处在于他始终保持着一颗童心，对任何事物都怀有强烈的好奇心。人们对创新充满好奇，喜欢问问题，就会训练大脑有效地、创新地思考。

要保持好奇心的长盛不衰，既需要有外在的宽松环境，也需要有内在的精神自由。爱因斯坦认为，科学的发展以及一般的创造性精神活动的发展，还需要另一种自由，那就是内在的精神自由。这种精神上的自由在于思想上不受权威和社会偏见的束缚，也不受一般违背哲理的常规和传统习惯的束缚。

（五）自信独立的性格

自信心是一种建立在对自身优点充分了解的基础上的自我认可的情绪体验。从心理学的角度看，自信之所以能造就成功，主要是因为自信能充分发掘和表现自身的潜能。有了自信心，人们才会积极主动地参与创新活动。

创新是一种打破常规的智慧，需要将自信作为原动力。独立性的人格特质能使人才善于独立思考，具有个人信念、判断的坚定性和行为的独立性，能积极地适应环境，在困难和挫折面前镇定沉着。独立思考是发展创新性的必要条件。没有独立思考就没有创造性的形成与发展。因此，我们要为人才提供相对独立的思考空间和时间。

（六）精于管理的创意

创意是思想的果实，是创新的前提。但是创意一般都很脆弱，如不进行妥善而适当的管理，就会稍纵即逝或毫无价值。因此，必须做到以下几点。

第一，注意随时记下创意，不要让创意平白消失。一旦想到什么，就立刻记下来，以免错失了自己的思想结晶。

第二，定期复习创意，不断进行筛选。把有价值的东西保留下来，没有意义的及时扔掉，避免积重难返。

第三，深入思考研究，不断完善创意。要增加创意的深度和广度，把相关的事物联系起来，从各种角度去研究。时机一成熟，就把创意用到创新活动上。

第四，不要轻易放过偶然的现象。在长期的生活实践中，有时会有一些偶然的发现，因为它们不在预料之中，又不属于旧思想体系，往往可以成为创新的新起点。

第五，千万不要小看无意中产生的想法。有许许多多成功的人物，都是在无意之中走上成功之路的。

（七）崇高的理想

正确的人生观是创新型人才的基本要求。创新活动从本质上来讲是一种探索未知的活动，其成果也往往带有独创性。这就表明，探索性和独创性是创新过程和创新成果最显著的两个特点，也是创新型人才的必备条件。

创新活动具有的探索性特点，决定了任何创新活动都不可能"旗开得胜""马到成功"。每一项创新都既有成功的希望，也有失败的可能，而且后者的概率比前者要高得多。创新活动具有的独创性特点,使得创新者必须走前人没有走过的路,探索别人没有解决的问题,提出与众不同的新见解、新认识,因而也容易受到传统观念、习惯势力的非难与阻碍,这就决定了在创新过程中出现失败、挫折在所难免,并且即便成功也可能遭遇冷落、非议、压制甚至扼杀。因此,要想坚定地投入创新活动,就必须具有不怕艰辛、不怕失败、不怕嘲讽的精神,最重要的是要有全身心投入创新的崇高理想。

(八)求实的态度

一切创新活动都是探索未知的认识和创造活动,离不开科学思维的帮助也离不开世界观的指导。在创新过程中,人们必须按照客观规律办事,才能取得创新成果,而辩证唯物主义实事求是的态度,就是指导人们按客观规律去从事创新活动的基本出发点。一个杰出的创新型人才,总是求实、求真和开拓进取的,他留给后人的,不仅是创新成果,还有宝贵的精神财富。尊重真理、承认真理,在真理面前不坚持自己的错误,不隐瞒自己的过失,脚踏实地、求真务实的研究方法和工作作风,是创新型人才需要具备的重要精神品质。创新型人才需要有求实的态度,没有求实的态度,客观规律便不能掌握,创新必定会寸步难行。

(九)广阔的视野

创新型人才的创新能力与其本身的知识和经验密不可分,任何创新都要有许多相关知识作为中介和媒介,才能获得成功。事实表明,一个人思维的深度和知识的广度,对他的联想能力、类比能力、综合能力以及想象能力等都有影响。在其他条件相同的情况下,一个人的知识和经验越丰富,视野越广阔,产生创新设想和独到见解的可能性就越大。如果只在狭窄的学术领域里钻研,让知识局限在一个点上,就难以把自己的思维延伸、扩展到其他学术领域,从其他学科中得到启发、获得借鉴,也很难与别人互通有无、取长补短。因此,拓宽视野,多学习、多储存、多联想、多运用,才能使自己的创新思维和实践能力得到提高。实践证明,绝大多数卓越的科学家都是学识渊博、兴趣广泛、视野广阔的人。

(十)非凡的胆魄

具有崇高的理想、求实的态度、广阔的视野,是一个人成为创新型人才的先决条件,但如果缺乏非凡的胆魄,其创新理想则无从实现,创新才能也无从发挥。从一定意义上说,创新型人才既是智者,也是勇士。科学研究和探索需要敢担风险、坚持真理、不断追求的精神,需要艰苦跋涉、勇于挑战、不畏困难、不受传统观念束缚的勇气,只承认真理,只尊重事实。只有这样,才能在多变的条件下树立克服疑难、跨越障碍的信心，明辨事物的真伪，把握事物的本质，进行敏感、机智和高度灵活的选择和决策；才能敢于坚持真理、摒弃错误，敢于东山再起、卷土重来，通过不努力，最终取得丰硕的创新成果。

（十一）特殊的意志

创新活动因其复杂性、反复性、不可测性，从而离不开特殊的意志品质。所谓意志，是指有意识地支配、调节自己的行为，通过克服困难，实现预定目标的心理过程。创新型人才具有的特殊意志品质表现在四个方面：一是独立性，即不屈服于环境的压力，不随波逐流，能根据自己的认识和信念，独立地做出决定、执行决定；二是果断性，即有能力及时做出有充分根据的决定，并在深思熟虑的基础上通过科学决策去实现决定；三是坚定性，即不受外物左右，长时间坚持自己决定的合理性，并持之以恒、毫不动摇地为实现决定而努力；四是自制力，即善于进行自我调节和自我控制，具备掌握和支配自己行动的能力。

（十二）协作的精神

协作的精神是创新的人格支持。时代和社会发展改变了原有的生产方式和生活方式，在科技和创新活动中，人与人的交往频率提高了，人与人的联系增强了，人与人的合作强化了，"单枪匹马""万事不求人"的活动模式和行为准则已成为影响人们创新活动的阻碍因素，只有协作才能形成合力，只有协作才有可能充分依靠集体智慧创造优秀成果。所以相互协作、善于交流合作、恪守集体纪律等优良品质是创新型人才重要的人格特征。

（十三）适当控制自我

自我控制是一种最难得的美德，不仅不会束缚人的创新能力，而且能够发挥人的创新能力。一个人除非先控制了自己，否则他将无法控制别人。一个人有了自制力才能抓住成功的机会，而真正的机会经常藏匿在看起来并不重要的生活琐事之中。每个乐于创新的人都应该培养较好的自我控制能力，知道什么话不可以说，什么事不可以做；知道什么时候应该集中思想，什么时候可以放松放松。提高自我控制能力的方法如下：

第一，控制时间。时间虽不断流失，但仍可以有计划地支配。一个人能够控制自己的时间，就能改变自己。掌握时间，就是掌握生命。

第二，控制思想。人们可以控制自己的思想与想象性的创新。要训练控制自己的思想，一次只专心做一件事。

第三，控制接触的对象。人们无法选择共同工作或一起相处的全部对象，但是可以选择共度最多时间的同伴，也可以认识新朋友，找出成功的楷模，向他们学习。

第四，控制沟通的方式。沟通方式最主要的就是聆听、观察以及吸收。当人们沟通时，人们要用信息来使对方获得一些价值，并增强彼此之间的了解。

第五，控制承诺。若人们选择最有价值的思想、交往对象与沟通方式，并使它们成为一种契约式的承诺，定下次序与期限，人们就能按部就班、平稳地实现自己的承诺。

第六，控制目标。确定生活中的长期目标，使之成为自己的理想，并有计划地、充满信心地加以实施。

第七，控制情绪。在漫长的人生旅途中，人们必须面对各种困难和挫折，表现出较强的容忍力，努力创造一个喜悦的人生，有所播种，必然有所收获。要学会调控心态和由此带来的各种情绪，及早恢复理智状态。遇到不合己意的结果，要坦然面对，这就是人生。

（十四）善于把握时机

创新必须从现在做起，从自己做起，从小事做起，不能光停留在创新设想上。创新设想只有付诸行动才能真正成为创新，光设想而不动手，设想再多再好也是没有用的。一百个设想不如一个实实在在的行动。对一个人而言，能否把握"一瞬间"，决定他能否有所创新。机遇总是悄悄地降临到人们周围，要捉住它，就必须留意自己身边的一切，哪怕是一件极微小的事，也可能带来创新的机会。

有时一次对话、一次旅行、一次失手、一件偶然的事情都有可能引起一项创新活动。创新活动的过程，是一个由量变到质变的过程。要想获得成功，必须靠自己的努力，从身边的小事做起，不断地去发现问题、研究问题、解决问题。

二、互联网+时代大学生创新型人才品格塑造的途径

（一）有意识地强化实践操作能力

培养创新能力、培养创新品格，必须具备很强的实践操作能力，因为这是创新品格必不可少的要素。具有创新品格的人，不仅需要有一般的实践操作能力，还需要有变革特定对象的特殊的实践操作能力。例如，对一个学有所成的物理学者来说，不仅需要有一般人都具有的实践操作能力，而且需要有特殊的物理实验能力。只有具备所必需的实践操作能力，才能实现思维间存在的转化，进而保证创新课题的准确、可行、真实、可信。

（二）掌握扎实的基础知识

创新是一种特殊的能力，它是以知识、智能为基础的。无知是不完善的人格，同样不可能具有创新品格。一切重大的创造都毫无例外地站在前人的肩膀上，即是在继承前人知识财富的基础上进行的。

为了使学生更好地掌握相关知识，高校应当优化课程结构体系设计。应当在有限的时间内帮助学生建立一个有效的、开放式的课程结构体系，即有利于学生未来发展的课程结构体系。在课程结构体系中，应充分考虑基础知识课程和专业知识课程的构建，以此来迎合建构知识、培养思维、塑造品格的目标。

基础知识作为专业学习的根基，需要受到高校课程改革者的重视。当前的基础知识课程过分注重专业领域的开发而忽略了基础知识课程的横向发展。在5G时代的今天，社会对复合型人才的需求越来越迫切，因此以往单一的、过于专业化的培养模式必须改变。高校需要教授学生一些比较宽泛的知识课程，如逻辑学、哲学、经济学基础知识等，使学生不至于在今后的学习工作中面对陌生领域寸步难行。不过，除了宽泛意义上的基础知识课程，在介于基础知识课程和专业课程的中间领域，专业基础知识作为专业学习的铺垫，其重要性不可小觑，所以在对基础课程的设置上，高校要注重宽泛基础知识和专业基础知识的和谐发展。此外，在专业课程的设置上，高校要认真审视当前的社会发展现状，紧跟时代步伐，及时修订授课教材与内容，以便高校的教学内容不与社会发展脱轨。

（三）积极营造创新品格培养的环境

培养人的创新品格的根本目的在于更有效地提高人类创造力的发展水平，所以教育必须提供创新品格形成的环境和条件。不同的社会历史条件、不同的国度、不同教育状况以及不同的学校、不同学校的教育环境，对人的创新品格的培养和创造力发展的影响是不同的。高校的使命是创新成果、培养创新型人才，理所应当在教学环节、教学方式、教学手段上营造有利于学生创新品格养成的良好环境。随着高校教育改革的不断深化，新的教育思想和教育模式逐渐形成，大大拓宽了创新教育的渠道。并且高校利用各种现代化手段突出学生学习的主体性、主动性，鼓励学生参与科研、课题活动，使学生在学习期间接触到前沿科学的新思想和研究方法。创新教育体系的逐步完善和创新活动的实施，极大地促进了高校创新教育环境和氛围的形成和发展。但是还应看到，目前高校对创新型人才的培养以及对大学生创新品格的培养还有许多不尽如人意的地方，创新环境有待进一步完善。

第七章　互联网+时代加强大学生创新教育的途径探索

互联网+事业的日益繁荣，给大学生创新教育带来了许多重要的发展机会，在此背景下，应当积极探索加强大学生创新教育的发展途径。本章分为互联网+时代大学生创新教育保障机制、互联网+时代大学生创新教育师资建设、互联网+时代大学生创新教育环境建设三个部分。

第一节　互联网+时代大学生创新教育保障机制

一、构建大学生创新教育运行机制

大学生创新教育运行机制是创新教育保障机制的重要部分，是对以目标机制为基础的课程体系的具体实现。下面将从教育者和受教育者两个角度切入来具体阐述创新教育运行机制。

（一）形成教育者的培养体系

对教育者的培养要从加强教育者创新知识素养、知识结构，以及使教法多元化等方面来进行。

随着科学的进步和技术的发展，教育活动早就不再局限于传统的单一课堂模式，教育者必须利用多种渠道提高自己对创新教育的了解程度，不断进行知识的更新。微博、微信等新媒体方式成了信息传播的值得重视的渠道，创新教育者要在保证自己专业知识扎实的同时借助媒体渠道了解学生的思想动态，并借此发挥思想政治教育促进创新教育的作用。

创新教育不是孤立存在的学问，它与受教育者的专业知识、接受思想政治教育的程度等因素有关，构建创新教育者系统的知识体系是一个漫长的、循序渐进的过程，不是一朝一夕就能达到的目标。教育者要在维系与受教育者的平等关系上与受教育者建立良性的互动，并通过对各专业领域知识的吸收、内化达到对自己原有知识体系的丰富，借助这样不断扩大知识网络的方式将各学科知识与创新教育融为一体，形成各类知识相互连接的且日渐完善的知识体系。

高校可以设立专门的课程来培养拥有创造性心理教育学知识的创新教育者。这些教师知道如何识别和开发学生的创新能力，能够解决教育问题并决心致力于此。

与此同时，在完善教育者的教育方法方面，高校要培养创新教育者开创多元化的教学路径。在这种教学关系中，创新教育者作为唯一的施教者面对的是数量多且性格、专业知识背景各异的学生，往往容易形成受教育者被动接受知识理论而不求甚解的情况，师生之间平等互动的关系也就难以维系了。这时，探索师生之间双向的教学模式就显得十分必要，教育者可以从受教育者的反应中掌握其思想动态以及对知识的掌握程度，以便于进行教学方法的创新。

在过去的几十年里，学生作为教育过程中一直被公认的"创造者"，社会大环境一直对其自身素质有着极高的要求，如智力水平、处理问题的系统化能力等。接受过创新教育的学生被视为创造性活动的主体，这种对"个体因素"的强调也成了过去创新教育的主要致力方向，学生成了影响创造力发展的先决条件，这是无可厚非且不可否认的，但与此同时，新的现象也在浮现。学生个体素质在持续影响着创新教育的发展进程，但近年来，人们对教师这一教育者角色的重视程度也在逐渐提高。

随着社会的快速发展，近年来，在对创新教育发展的探索过程中，教师作为与学生最直接接触的对象，在进行创造性活动的过程中起到了至关重要的作用。学生是创造性活动中的创造者，更是教学活动中的受教育者，在学习和日常生活中都在实时接收着来自各个领域的信息，在这样的客观环境下，教师作为教育者理应发挥其引领、指导作用，久而久之，创新教育对教师的要求也就逐渐提高，"教育者培训"也就逐渐变得热门起来。

（二）完善受教育者的培养模式

受教育者作为创新教育过程中的主体，即把教育理解为以培养受教育者能力为核心的教学过程，这充分肯定了受教育者自身的主观能动性，而非把其视为社会中接受知识灌输的被动的客体，这种理论属于主体教育观，我们讨论的也就是受教育者作为教育环节中的主体的独立性。受教育者在教育过程中的主体性是人类历史发展的过程中所积淀的文化在个体身上的展现，受教育者生来就具有主体性，这是自然的，也是历史的。

强调受教育者的主体地位，作为教育者，首先就应该意识到每名学生都有自己独特的思想和审美趋向，在传授给他们理论知识的同时，对学生进行品格的培养，开发其丰富的情感也显得尤为重要，这是创新教育开展的前提，也是培养学生创造能力的基础。教师在进行教育活动的同时，要牢牢把握将面向全体学生和因材施教相统一的原则，既要维护教育的公平性，消除先前的、人为的偏见，也要顾及个别学生的感受，为学生爱好的独特性和自身内心世界的丰富性提供抒发的空间，从根本上来讲，克服守旧的思想是第一步，只有这样才可以对学生进行良好的引导，开拓其思维，磨炼其意志，培养其人格。

第一，强大的自我控制能力和辨别信息能力是受教育者要形成的首要能力。现如今，信息的飞速传播造成了良莠不齐的网络现状，受教育者每天都将大量的时间花在浏览网络传播的各类碎片化信息上，如果没有强大的自我控制能力和辨别信息能力，是不利于思想政治教育的进行的，而高校思想政治教育的进行直接影响了创新教育的开展进程。因此，必须加强对受教育者自我控制能力和辨别信息能力的培养，这是完善受教育者培养模式的前提。受教育者必须对网络上传播的不良信息主动自觉地进行筛选，趋利避害，用唯物主义的观点看待问题、解决问题。

第二，受教育者必须具有自觉学习，以及自觉将所掌握的创新教育相关知识践行在实际应用中的能力。认识的产生离不开实践，只有在实践中才能检验真理。受教育者在经过系统的创新教育之后，甚至在这个过程中，需要不断地以实践为目的及标准实现对创新方法的理解与把握。受教育者应该将自己在专业领域掌握的知识作为开展创新教育的理论支撑，不能脱离理论进行实践，也不能只重视实践而轻视理论，二者必须相辅相成，互为依存和借鉴。一方面，教育者可以在教学过程中贯彻讲练结合，用实践的方式帮助受教育者掌握理论；另一方面，受教育者可以通过参加各种类型的创新创业大赛，甚至是创业来实现创新能力的提高。

二、构建大学生创新教育管理机制

在学生管理方面，要改变那种"保姆式"的管理模式，构建起适合创新教育的学生自我教育和自我管理、自我服务和自我设计、自我约束和自我发展的自主管理新机制，从而使学生自觉地开展创新活动。长期以来，一些学校的管理体制对学生的素质缺乏全面的关怀，往往偏重于共性素质的要求，忽视学生个性的自由发展。在对学生的管理过程中，每个学校都有一整套规则、规范和条例约束学生的行为。同样，在每个班级中，也都会制定相应的班规以及班级条例规范学生。这当然是必要的。但是在实际工作中，有些学校总是有意无意地将学生不可选择地导入精心设计的管理目标体系和规章制度，刻意进行塑造管理。可以说，我们的学生管理在无形中抑制了学生的个性、主体性、创造性的发展。创新教育管理机制构建的重点在于转变单纯的管理职能，强化服务职能。即通过每一项管理工作，为学生的成长成才提供服务，在一定的制度保障下，减少不必要的约束，扩大学生自由选择的空间，充分发挥学生的自我教育、自我服务的自主管理作用。

三、构建大学生创新教育激励机制

总的来说，大学生创新教育激励机制的运行系统，就是针对高校学生的心理需要，为了实现相关组织的目标，通过设置明确而有意义的目标引导学生的行动，同时运用相应的刺激手段激发学生的内在动机，有效地结合组织的共同目标和个人的心理需要，从而顺利地调动学生在科技创新活动方面的积极性和创造性。灵活运用激励机制的要求如下。

第一，为了帮助大学生确立正确、合理的期望，实现"激励力量"最大化，要注重个体差异性和科技创新活动的层次性。

行为的直接动因是"期望"。正是因为工作和组织目标会帮助自己达成目标、满足自己某方面的需要，所以人们能够从事某项工作并达成组织目标。著名心理学家、行为学家维克托·弗鲁姆认为，人们采取某项行动的动力或激励力，取决于其对行动结果的价值评价和预期达成该项结果可能性的估计。换句话说，一个人的行动所能达成目标并能导致某种结果的全部预期价值，乘以他认为达成该目标并得到某种结果的期望概率，决定激励力的大小。

弗鲁姆的期望理论告诉我们，在构建大学生创新教育激励机制的时候，要处理好三个关系：第一，努力与绩效的关系。因为高校学生有很强的求知欲，并且希望通过一定的努力达到预期目标，但是又有惧怕失败的心理压力。为了让学生敢于"跳起来"，又能够摘到"挑子"，这就要求高校在制度设计上充分考虑学生个体的差异性，注重科技创新目标成果的层次性，从而使学生参与科技创新的信心得到激发。为了避免学生失去内在动力，尽量不要把目标定得太高，否则学生将普遍认为即使通过努力也不会有很好的绩效。第二，绩效与奖励之间的关系。人总是希望取得成绩后能够得到奖励，既包括物质上的，也包括精神上的，特别是高校学生。构建激励机制就是要使学生在取得绩效后能够得到合理的奖励，从而更好地激励学生的热情，否则学生会丧失积极性。第三，奖励和个人需求之间的联系。对当代大学生来说，精神奖励是一种更高层次的荣誉，是可以证明大家的肯定程度的。在实行这种激励的过程中，还要平衡期望和实际之间的差值，注重大学生的心理健康发展。如果期望越高，有可能失望越大，容易使学生感到挫败；如果期望值小了，学生就感受不到激励的作用了。最终的激励结果是使绝大部分学生受益。

第二，每个学生都对成功有着向往，为了满足这一需要，高校就要针对其需求培养创新精神。因为唯有创新才能不断发展，才能与时俱进。

有调查发现，许多人在社会工作中积极向上，争取每一步都做到最好，即使遇到很多困难，依旧信心十足，努力想办法解决，直至成功。大多数人存在这一行为，并不仅仅是为了成功后获得的物质酬劳，而是因为在解决问题的过程中实现了自我价值，为之后的成功奠定基础，这就相当于美国人热衷的成就动机论。这一点通常与每个人所处的社会环境、受教育程度、国家的发展状况密切联系。

一般来讲，受过高等教育者渴望成功，向往更具挑战性的生活，当生活一成不变时便没有了生活下去的意义，因此他们更愿意在刺激艰险的环境中追寻人生的目标，通过不断克服生活工作中遇到的困难而获得成就感。例如大学生、研究生，很少有人愿意从事不符合自己学历的工作，当然这不见得是好习惯，但是从中也体现出人们对成功的渴求。有挑战固然好，但是更多的人还是选择在自己能力范围内的挑战，即自己能够克服的困难。因为如若挑战失败，迎面而来的就不是对成功的渴望，而是一而再再而三的打击了。面对挑战和困难，脚踏实地地解决是重要因素。此外，还需要培养创新精神，唯有如此，才能实现更巨大的成功。在当代，提倡素质教育更是提倡创新精神。创新精神意味着能够综合运用已有的知识、信息、技能和方法，提出新观点、新方法，从而有发明、创造、革新的意志和勇气。一些校园内有许多为了鼓励学生迎接挑战而设立的比赛，如编程比赛、奥数比赛抑或歌舞比赛等，目的不是让学生拿到奖励，而是让其在参与的过程中积极开发思维，培养创新能力和创新意识，在活动中获得满足自身需要的成就感。发明、创造、比赛不是目的，最重要的是过程而非结果。

当代是知识经济时代，创新是显著标志，创新是一个民族进步的灵魂，是一个国家兴旺发达的不竭动力，一个没有创新的民族难以屹立在世界民族之林。创新精神的首要条件是创新意识，而创新意识首先表现为好奇心。爱因斯坦说过："我没有别的天赋，只有强烈的好奇心。"另外，创新精神还要有创新理想，创新理想是指想要成为创新型人才的理想，要想成为创新型人才就要不断努力、坚持不懈。除了上述几点，创新精神还注重创新兴趣，因为有兴趣才有动力，也因为有兴趣，在获得成功以后才会有更充实的满足感。综上所述，具备一定的创新精神才能在激烈的竞争环境中脱颖而出。

第三，坚持以绩效为核心评价点，对角色和责任意识进行强化，建立及完善大学生科技创新项目表彰和奖励体制。

美国的行为学家爱德华·劳勒和莱曼·波特提出的期望激励理论所持的观点是：激励影响一个人是否努力和其具体努力的程度大小；工作的实际绩效由能力大小、努力的程度高低及对完成的任务的理解程度的高低共同决定；奖励是以绩效为前提基础的，而不是先奖励后产生绩效，必须先完成任务才有资格接受精神上的和物质性的奖励；在人们发现奖励与绩效的关联性很差的时候，奖励就不再能成为绩效的刺激；奖励措施能否让人们产生满意的心理状态，取决于被激励的人所认为的其获得的报偿是不是公正的，如果被认为是符合公平原则的，当然会满意，反之将不满，同时满意会导致被激励的人进一步努力。

四、构建大学生创新教育评价机制

创新教育评价是以在一定的创新教育价值观指导下建立的目标分类体系为基准，运用现代人文科学方法及数学方法与技术，解析教育系统状态变量，对创新教育的个人本体价值和社会价值进行评鉴和判断，并为教育导向、激励和改进提供信息反馈的过程。

在构建大学生创新教育评价机制时，需要遵循以下几条基本原则。

第一，科学性原则。创新教育非常复杂，它的发展受到多种条件的制约。因此，我们在进行创新教育评价时要想全面、客观、准确地揭示学校创新教育工作的内涵，必须坚持科学性原则。坚持科学性原则必须做到两个方面：一是要以创新教育评价的基本原理为指导，对创新教育评价的对象、目的、定义、原则、结构、过程、功能、目标、指标、方法、理论基础和发展趋势等有深刻的认识和理解；二是要确立创新教育评价要素的科学性，并用科学的方法进行评价。

第二，民主性原则。在对高校创新教育进行评价时必须坚持民主性原则，在能允许评价对象参与的情况下，一定要吸收评价对象参与其中。另外，还可以邀请社会及有关人员参与其中，充分发挥民主的作用。

第三，客观性原则。在设计高校创新教育评价方案时，高校对指标要素、等级标准的确定必须采取实事求是的态度，绝不能主观臆断或掺杂个人感情。在确定指标或标准时，绝不能为了照顾某个评价对象，把不应列入的因素列入，也不能排斥某个评价对象，把应该列入的因素不列入。指标要素、等级标准及加权值一旦确定下来，任何人都不能随意更改。另外，其客观性还表现在高校确定的指标要素、等级标准既要具有先进性，符合所追求的发展目标，又要符合当前的实际办学水平（包括办学条件、管理水平、师资水平、财力、物力、生源等）的要求。

第四，规范性原则。评价指标体系应是实施评价的一种规范化的实体。没有一个统一的、规范的指标体系，不仅会使评价结论的可比性失去基础，而且会使宏观的管理决策失去客观的依据。也就是说，每一项指标都是反映评价客体的本质特征的要素，同一级指标之间彼此独立又相互联系；上级指标同下级指标具有包含关系，系统内的指标相互是不重叠的、不矛盾的和无遗漏的。在创新教育评价指标体系设计的过程中，要选定统一的、规范的方法和技术，采用统一的、规范的数学法则给指标赋权，以增强评价指标体系的信度。

第五，可测性原则。实施高校创新教育评价，旨在得出一个定性与定量相结合的评价结果，可以帮助评价对象明确自身进步的速度。为了达到使评价结果具有可比性这一目的，要求设计的评价指标体系具有可测性，即评价指标体系中的每一项指标，不管是定性指标还是定量指标，不管是模糊量还是确定量，都可以通过一定的测量和计量技术，运用某种法则和数学模型，使之数量化，最后求得评价对象的量化分值，并得出相应的定性分析结论。

第二节　互联网+时代大学生创新教育师资建设

随着经济的发展、社会的进步以及高等教育改革的不断深入，高校师资队伍建设面临着新的机遇和挑战。不可否认，高校承担着培养21世纪需要的创新型人才的任务，而建设一支富有创新意识和创新能力的高水平创新型师资队伍，则是完成这一任务的基本保证。

一、注重对新进教师创新素质的要求

"师者，传道授业解惑者也"，新时期的教师，其职能和角色赋予了其新的含义。如今，高校教师不仅是知识的传授者和问题的解答者，还是一位顾问，一位交换意见的参加者，一位帮助发现矛盾论点而不是拿出现实真理的人。即由知识与技能的传授转向更多地去激励思想，这就要求教师有较高的创新素质。高校应严把进入关，即在考核新进教师时，要特别注重对其创新素质的要求，既要有创新人格，又要有创新精神和实践能力。高校可以通过新进教师的试讲或其他

展现其教学水平的途径，判断该教师是否在教学上有新意，是否有独特的见解和观点，以及是否能引导学生进行积极的创新思维活动等；同时在考察新进教师的科研水平时，主要考察其是否在以往拥有创新成果，如创造发明，富有创新价值的科研论文、毕业论文、毕业设计等，以此预测该教师在今后的工作中能否有创新的基础和潜力，并取得新的有创意的成果，从而为有效开展创新教育打下良好基础。

二、强调晋升职称时对创新素质的考核

对高校教师而言，晋升职称是对其所做工作予以充分肯定的重要环节。因高校以培养创新型人才为其核心目标，这也要求高校教师具有较高的创新素质，如此方可"名师出高徒"，故高校在教师晋升职称时应强调对其创新素质的考核。

此外，更为重要的是，高校应制定切实可行的教师创新素质考核办法和科学的考核指标体系，使其尽可能具体化和量化，具有可操作性。具体而言，对教师创新素质的考核应从教学和科研两方面着手：教学工作考核主要体现在考核教师是否及时补充了本学科的最新成果以及是否具有创新的教学方法、技能和教学艺术上。即在教育教学过程中是否放弃权威思想，建立新型师生关系，鼓励学生大胆质疑和创新；是否善于运用创新思维训练方法来促进学生的创新思维过程；是否重视组织创新实践活动。同时，进行科学研究也是高校教师的重要职能之一。科研工作考核主要看教师所取得的相应成果，如参加学术会议的级别、提交和宣读论文的质量、发表科研学术论文的数量和质量、科研实验是否有一定突破并取得一定成果以及是否以其科研成果促进教学质量的提高等。

总之，教师在教学方面的创新素质归根结底要通过学生体现，学生在教师指导下写出优秀的科研论文或毕业论文等，均是对教师创新素质的有力肯定。此外，值得注意的是，高校职称申报者的创新教学、科研成果等基本情况和主要材料要向全校公布，做到公平、公开和公正。

三、采取多种措施提高现有教师的创新素质

一是加强对教师创新能力的培养。要培养创新型学生，加强教师自身创新能力的培养是根本保证。首先，组织教师开展"创造学""创新思维技巧训练"等创新教育课程的培训，使教师了解创新的机制、原理和相关的技能技巧；其次，分期分批对教师进行现代教育技术培训，尤其是要大力加强计算机知识和技能的培训，根据教师工作的特点和需要制定培训规划、内容、方法和要求，使多数

任课教师掌握计算机辅助教学和多媒体教学技术，并能进行相关的教育软件开发工作。

二是创造条件努力提高教师的科研能力和学术水平。科研能力和学术水平的高低也是教师创新素质的重要表现。因此，高校要制定有关规定并创造条件推动广大教师积极参加科研活动、进行科研实验、撰写科研论文或在相关领域有所创造发明，并对有创新成果的教师给予相应奖励；聘请国内外知名专家、学者来校讲学，交流经验，沟通信息；充分利用电子教学设备、计算机网络、图书资料以及学术刊物等，为广大教师从事科研和学术活动提供条件。

四、强化竞争机制，优化人才配置

高校师资队伍建设应打破陈规，建立适合高校特点的竞争激励机制，以此来促进人才资源的合理配置，充分调动教师的劳动积极性，使教师队伍永葆生机活力。在机制建设方面，高校应重点做好以下几方面工作。

其一，引入竞争机制。高校应积极推行教师职务聘任制，实行评聘分开，可对学术水平高但职称低的教师实行高聘，而对于职称高的教师，若其没有继续提高教学和学术水平则可低聘。评聘工作应坚持按需设岗、公开招聘、平等竞争、择优聘任、严格考核、合理管理的原则。

其二，建立奖励制度，强化激励功能。高校应对博士生导师、省部专业技术拔尖人才、学科带头人及各类优秀青年骨干等设置校内特殊津贴，同时设立奖励基金，对为学校做出突出贡献和在教学科研工作中取得重大成果以及发表高水平论文的人员给予奖励。

其三，注重学术梯队建设，大力培养中青年骨干教师。加强师资队伍建设，关键是要培养一批思想作风正、学术水平高，既能把握本学科的前沿动态，又能组织领导教学科研群体的学科带头人和优秀中青年骨干教师，建立一支老中青有机结合的学术梯队。其中，各高校应把中青年骨干教师的培训工作放在十分突出的位置，主要措施包括：委托代培研究生；派优秀青年教师出国进修；选拔年轻的学术带头人给予重点扶持；建立旨在鼓励青年教师独立承担研究任务的青年科学基金；采取倾斜政策吸引国外留学生回国从事教学、研究工作。例如，重庆大学注重给中青年教师压担子，把一批有真才实学的中青年骨干教师破格提升为教授，把学术带头人的重担压在他们的肩上，让他们有权邀请校内外志同道合者组成学术梯队，有权聘请助手，有权支配一定额度的经费开支，有权优先出国考察、讲学和出席国际会议等，从而促进其创新素质的提高。

第三节　互联网+时代大学生创新教育环境建设

一、构建良好的家庭教育环境

人都是首先在家庭环境中接受基础教育的，每个个体的创新意识、创新思维、创新精神、创新能力的萌芽也都是在家庭环境中孕育的。家庭的教育方式、教育内容对孩子的创新潜能有着潜移默化的作用，家庭教育的成功与否直接影响着创新教育能否有效地开展。因此，我们要积极营造一个有利于创新教育的家庭环境。

（一）父母要做孩子心灵的教师

家庭是孩子成长的摇篮，是孩子的第一所学校，父母是孩子心灵的教师，对孩子的思维、心理品质等产生的影响是其他任何形式的教育都无法替代的。

首先，父母要了解孩子。父母只有潜心研读，才能真正了解孩子需要什么、孩子喜欢什么，才能发现孩子的潜能和优点，才能与孩子建立起十分融洽的关系，使孩子感受到和谐、民主、温暖的氛围。在这种氛围中，孩子才会敞开心扉主动与父母进行交流，说出自己的想法，孩子的独立意识才能增强，创造性才能得到激发。其次，父母要尊重孩子。父母应从孩子成长的规律、需要出发，尊重他们的权利、人格，给他们发表意见、参与讨论的空间，允许他们有自己的想法、做自己喜欢做的事，让他们的主体性在轻松愉快的氛围中得到充分体现。

（二）父母要有正确的观念、规范的言行

父母是孩子的启蒙老师，是孩子学习的榜样，父母的一言一行对孩子的教育至关重要。20世纪初黎巴嫩作家纪伯伦曾说过："如果父母是张弓，孩子就是搭在弓上的箭。"

首先，父母要摒弃传统的教育观念，不要把孩子当作实现自己目的的工具，给孩子套上繁重的枷锁，要给孩子独立的空间，使孩子的个性得到充分发展，养成自己发现问题、分析问题、解决问题的能力，培养大胆探索、独立思考的精神。其次，父母要努力创设学习型的家庭氛围，用自己的勤奋和刻苦激发孩子的进取心和探索精神，让孩子在无形之中得到隐形教育。所以，父母必须以身作则，严格要求自己，身教重于言教，为孩子的健康成长树立好的榜样。

（三）父母要有正确的教育方法

有人曾说过："一个国家的命运与其说是操纵在掌权者手里，不如说是掌握在父母的手里。"父母要具备正确的教育方法，家庭教育最重要的不是培养孩子的智力，而是发掘孩子的创新意识、培养孩子积极进取的精神、提高孩子的心理品质。

有研究表明，孩子会患心理疾病的一个重要因素就是父母的教育方法不正确。在现实生活中，不要把孩子当作家里的"小皇帝"，为孩子包揽除学习之外的一切事务，要让孩子更多地参加社会实践、参加公益活动、多做家务劳动，使孩子接触社会、体验生活，感受其中的酸甜苦辣，培养孩子的生存能力、动手能力、社会交往能力等。为了孩子的健康成长，父母应该坚持"动之以情，晓之以理，导之以行，持之以恒"的教育原则，用心去关心孩子、爱护孩子，对孩子施以正确的教育方法，保证孩子的健康成长。

二、构建良好的学校教育环境

人的成长和学习需要一个稳定的环境，学校作为专门的育人机构，学校教育作为一种有组织、有目的、有系统的教育，在人的成长发展过程中起着主导的作用。因此，构建良好的学校教育环境可以促进人的健康成长。下面主要从优化高校精神和优化校园物质环境两方面加以论述。

（一）优化高校精神，激发学生的创新意识

高校精神作为一所大学心理面貌和教育水平的反映，是高校师生的理想、信念、行为、价值和道德水平的标志。优良的高校精神使大学生群体朝着积极健康的方向发展，而不良的高校精神则会起到消极、阻碍的作用。例如，北京大学在一百余年的办学进程中形成了爱国、进步、民主、科学的光荣传统，在治学上继承着"执着、宽松、荷重、为先"的优秀传统，这对养成学生的创新精神是宝贵的财富。反之，在一个不思进取、死气沉沉的高校则难以进行创新活动。因此，必须优化高校精神，激发学生的创新意识。具体而言，应做好以下两点。

一是注重形成利于创新的教风、学风。高校是传递文化、创造文化的重要场所，教风、学风是高校精神的体现。对教师而言，应注重训练学生的创新思维，启发学生的创新意识，鼓励学生多思、多问并积极参与各种研究课题，使学习和研究相互结合，进而迸发出创新的"火花"。对学生而言，应注重掌握科学的学习方法，不人云亦云，讲求独立思考，勇于质疑，在发现问题后善于调查分析问题，并最终找到解决问题的办法。总之，要形成有利于创新的教风、学风，为开展创新教育营造良好氛围。

二是注重校园社团活动的创新功能。高校要培养创新型人才，单靠课堂教学难以完成这一任务，而校园社团活动可发挥其特殊的作用。校园社团活动丰富多彩，为促进培养创新型人才应注重其创新功能。现针对不同类型的社团加以具体说明。

第一，文学艺术类社团。文学艺术活动主要是培养学生的审美能力以及对文学艺术的兴趣爱好和创造才能，包括文学社、话剧社、书画协会、影视评论协会等社团。高校在组织社团活动时应注重其新意，激发学生的创新意识。

第二，文娱体育类社团。文娱体育活动是社团文化中最普遍、最广泛的活动。文娱活动可以培养学生正确的审美情趣，有利于陶冶情操、增长知识，从而使学生感受美和创造美；体育活动则可以培养学生热爱体育运动，从而使学生增强体质并磨炼意志，这均是21世纪创新型人才所不可缺少的。故学校应成立各种文娱体育类社团，开展文艺会演、体育竞赛等活动，使学生愉悦身心并有所收获，并为创造性活动的开展做好身心两方面的准备。

第三，科技学术类社团。科技活动可以培养学生学科学、爱科学、用科学的意识和能力，了解当今科学技术发展的最新信息，培养学生的创造精神。高校应建立科技爱好者协会、科学技术发明协会、无线电协会等多种科技社团，组织学生参观科技展览、进行野外考察、访问科学家等，通过多种途径激发学生的创新意识。

此外，高校社团活动组织还包括宣传组织类社团、社会公益类社团、勤工俭学类社团等。总之，高校社团活动主要是兴趣爱好者的结合体，有利于集思广益、取长补短。在这一群体中，任何人都是以普通一员的身份参加，容易形成和谐融洽的人际关系；遇事共同商量，讨论问题畅所欲言，有利于学生以主人翁的态度积极参与，对复杂的社会现象和理论观点的是非曲直进行独立思考，做出自己的判断。这种善于独立思考的主体意识和知其然还要知其所以然的执着追求真理的科学精神，正是创新型人才所不可缺少的品质。

（二）优化校园物质环境，保证创新活动开展

校园物质环境是学生学习及生活的"硬件"保障，高校必须优化校园物质环境，以保证学生创新活动的开展。

一是要加强教育基础设施的建设。高校应不断改善体育运动条件，加强田径运动场地、体育馆等体育设施的建设；加强教学楼、实验楼、学生宿舍等的建设，并注重其布局的实用性和优美性；加大对图书资料配置的经费投入，实现图书资料管理的网络化、信息化。

二是要加强以计算机及互联网为核心的现代教育技术的普及和应用，尽快使

每个学生宿舍装配电话、电视和计算机接口,并保证每个教师的计算机都能上网。高校应加快校园网建设,使全校师生能随时从网上下载最新信息,了解国际国内的最新动态,从而为师生的学习和研究提供丰富的信息资源,并为师生的创造性思维活动打下坚实的根基。

此外,高校应积极研究、开发和推广教育软件,采取有效措施鼓励和支持教师采用计算机、多媒体及网络技术等现代教育技术组织教学,充分利用网上资源,开展网上教育,积极探索建立虚拟学校,开设虚拟课堂。同时,高校还应积极鼓励和引导学生参与教育软件的开发以及学校校园网站的主页设计和网络维护,从而激发学生的参与性和创造性。

由此可见,先进的教育设备、完善的教学场地、便利的住宿条件、丰富的图书馆藏书等均能为大学生的创新活动提供优越的物质保障,使大学生产生巨大的学习热情和创造热情,并切实努力取得创新成果。

三、构建良好的社会教育环境

(一)打造文化氛围创新平台

文化因素在社会环境的众多因素中起着主导作用。我国是有五千多年悠久历史的文明古国,积淀着博大精深的中国传统文化,这是值得每一个中国人骄傲的。中国传统文化对大学生创新教育的影响是潜移默化的,具有积极的一面。例如,中国传统文化中的"以德养才、以才兴国"思想有助于培养大学生的爱国精神和社会责任感,是推动大学生创新教育的内在动力。大学生只有坚持自己的创新成果能够有利于社会、造福于社会,创新成果的社会价值能够被肯定,具有强烈的社会责任感,这样创新才有意义。又如,"礼之用,和为贵"思想有助于培养大学生的团队协作精神,是推动大学生创新教育的精神养料。大学生只有具备团队协作精神,才能在团队协作中保持一致,建立友好融洽的合作关系。

但处于创新时代的我们,在看到中国传统文化精华的同时,要清楚地认识到中国传统文化对大学生创新教育也有消极的一面。因此,我们要充分利用传统文化对大学生创新教育的积极影响,取其精华,消除传统文化对大学生创新教育的消极影响,去其糟粕,努力打造社会创新教育的文化氛围平台。

(二)打造资金投入创新平台

近几年,我国的教育经费投资有了较大幅度的增长,但由于教育经费的基数小，部分高校的教育经费并没有明显增加。这对大学生的培养、对学校建设等都起到了严重的阻碍作用。

殷实的资金投入可以从硬件和软件上为创新教育提供坚实的物质基础，以物质奖励支持创新、激励创新。对教育工作者而言，不但要为其提供良好的工作环境、办公设施等硬件环境，还要为其提供良好的工作氛围、优秀的工作团队等软件环境。例如，加强图书馆建设，完善国内外的文献资源数据库，以供大学生免费查阅，确保他们能够接触到最前沿的科研成果，方便他们开展探索性的学习；对科研能力强、创新能力强的大学生进行资助、鼓励，对创新成果进行表彰、奖励。

只有在"尊重知识、尊重人才、爱护人才、人尽其才"的良好社会氛围中，才能调动大学生的积极性，才能使具有高水平的创造性的教师有用武之地。例如，著名的贝尔实验室每年的科研经费是5亿～6亿美元，正是有了雄厚的经济实力作后盾，贝尔实验室自1925年成立以来已获得约2.5万项专利，目前平均每个工作日产生3项专利。因此，从长远来看，必须重视对大学生创新教育的投入，改善硬件环境和软件环境，为培养高水平的大学生营造有利的环境氛围。

（三）打造舆论、政策导向创新平台

所谓社会舆论，是指社会意识形态的特殊表现形式，是相当数量的公民对某一问题的共同倾向性看法或意见，往往反映一定阶级、阶层、社会集团的利益、愿望和要求，其精神内核是群体意识，其现象外观是议论形态，往往以拥护或反对、赞扬或谴责的方式对某一公共问题做公开的评价。社会舆论是一种群体意见，是一种强大的社会心理力量，有的是国家进行有目的的引导而形成的，有的是群众自发形成的，对群体和个人的心理都会产生一定的影响。

正确的舆论导向可以为创新教育服务，可以使人们对创新教育形成不约而同的肯定认识，为开展创新教育营造良好的学术氛围，也可以使教师卸下沉重的心理枷锁，放手去开展创新教育。当社会舆论崇尚知识、尊重人才、肯定科学创造价值时，就会引起人们的求知欲、激发人们的创造性、促进个体创造力的发展。同时，国家要制定相应的政策、颁布相应的法律法规保障人们的创新成果。正是有了国家对创新教育的正确引导，大学生创新教育才能在肥沃的土壤上生根、发芽，孕育出华夏文明的硕果。

总之，我国大学生创新教育将会受到越来越多的关注，其发展也会越来越完善，这需要国家、社会、学校、家庭的共同支持、共同努力。

参考文献

[1] 秦从英，李玉侠．大学生创新能力教育教程 [M]．北京：现代教育出版社，2014．

[2] 史梅，徐俊祥，白冰．大学生创新与创业指导 [M]．北京：现代教育出版社，2015．

[3] 孙英梅，栗红侠，侯英杰．高校实践育人与创新人才培养 [M]．沈阳：东北大学出版社，2016．

[4] 耿丽微，赵春辉，张子谦．高校大学生创新能力培养与创业教育研究 [M]．成都：电子科技大学出版社，2017．

[5] 刘彤，王雪梅．大学生创新与创业 [M]．成都：西南交通大学出版社，2017．

[6] 方法林，陈瑶．大学生创新理论与实践 [M]．北京：中国旅游出版社，2017．

[7] 刘明亮．高等教育管理与大学生创新能力培养研究 [M]．北京：科学技术文献出版社，2017．

[8] 戚雪娟，杨景胜．"互联网+"背景下大学生创新创业研究 [M]．北京：中国原子能出版社，2018．

[9] 刘建华，张卫健．大学生创新教育与创业指导 [M]．北京：科学出版社，2018．

[10] 颜廷丽．"互联网+"背景下大学生创新创业能力培养研究 [M]．北京：北京理工大学出版社，2020．

[11] 邹本燕．"互联网+"背景下大学生创新精神的培养 [J]．河北广播电视大学学报，2020，25（5）：106-108．

[12] 朱新宁，杨汀滢，张春红，等．面向科研素养的大学生创新教育探索与实践 [J]．北京邮电大学学报（社会科学版），2020，22（6）：108-118．

[13] 王菲．新时代大学生创新教育机制研究 [J]．新西部，2020（8）：146-147．

[14] 韦龙明，王丹，金奇志，等．大学生创新教育与应用型研究课程融合探索 [J]．高教学刊，2020（1）：46-48．

[15] 周广，盛雪.互联网对创新教育的优化集成作用研究[J].中国现代教育装备，2020（3）：111-113.

[16] 郑军，蔡骄."互联网＋教育"与大学生创新能力培养[J].大理大学学报，2021，6（9）：115-121.

[17] 薛金峰.知识经济背景下大学生创新教育的现状及对策探究[J].营销界，2021（8）：35-36.

[18] 郭庆振.创新人才教育背景下大学生创新能力培养及路径微探[J].公关世界，2021（11）：104-105.

[19] 卢鑫，郭婷，王贝.创新人才培养与高校教学评价改革[J].科教导刊，2021（35）：37-40.

[20] 马秀芝.基于创新人才培养的高校教育管理研究[J].佳木斯职业学院学报，2021，37（12）：109-111.

[21] 沈轩羽.基于信息技术与教学融合的创新人才培养问题研究[J].科技经济市场，2021（9）：137-138.

[22] 陈艳，邓淑玲.高校创新人才培养及保障机制研究[J].营销界，2021（34）：30-31.

[23] 张雅静，张景辉.人工智能背景下创新教育人才培养的建模研究[J].数字通信世界，2021（9）：262-264.

[24] 王楚君.基于现代教育技术下高校创新教育的方法和策略[J].科技风，2020（34）：41-42.